臨床死生学研究叢書——1

死別の悲しみに寄り添う

平山正実 編著

聖学院大学出版会

臨床死生学研究叢書　1　死別の悲しみに寄り添う　目次

はじめに

一　「臨床死生学叢書」を編集するにあたって

いかに生き、いかに死ぬかは、いつの時代においても、またすべての人にとっても、本質的な課題である。しかし現代においては、医療技術の発達による延命治療により、脳死、心肺機能停止などいくつかの死の段階が生まれ、「死」の定義があいまいになった。また家から離れた病院で死を迎えるケースがほとんどとなった。死は多くの人々から隠されたタブーとなった。地域共同体が崩壊したため、遺されたものの死の悲しみを癒す「喪に服する」習慣もなくなった。いわばこの本質的な課題から現代人は遠ざけられているといえるだろう。それゆえ、死の問題が十分に受け止められず、ひるがえっては生の問題がないがしろにされるという問題が生じている。

この生と死をめぐる問題を学問的に探求する「死生学」が誕生してまだ日は浅い。しかし、インターネットで調べただけでも、かなりの大学に「死生学」の講座が開設されていることがわかる。このことは課題の重要性に対する認識が深まり、また関心が広がっていることを物語っている。

編者が前任校で「死生学」講座を開設したときは、「死生学」は学問なのかという問いがあった[1]。現在の関心の高さとは雲泥の差であるが、この現代における重要な課題に取り組む大学や研究者が増えることは、課題の大きさから考えても大変意味のあることである。

ところで「死生学」は、文字どおり「死に関する学問」であり、英語名は、サナトロジー（thanatology）、独語では、タナトロギー（Thanatologie）と呼ばれる。この語は、ギリシャ語の「死」を意味するタナトス（θάνατος）と「学問」や「研究」を意味するロゴス（λόγος）とを合わせて作った造語である。これらの語は、日本語で死学、死生学、生死学などと訳されてきた。

生と死という問題は、あらゆる研究領域から接近が可能である。つまり、生と死に関する学問は医学、医療、保健、看護などの「科学の知」、哲学、倫理、文学、教育などの「人文科学の知」、社会学、法学、経済学、福祉学などの「社会科学の知」、人間の生と死を超えた世界から死生を考える「宗教学や神学の知」を総合した学際的な立場から学ぶことが可能である。このことは、生と死を学問として研究対象とする場合、既存の学問分野としての枠組の中で研究を行うには限界があることを意味している。

このような広大な領域を、編者自身が一人でカバーすることは、己の「分」をわきまえない行為であると考える。編者が、いわゆる死生学を研究する場合、自分が精神医学を学ぶ臨床医であること、医療や福祉の現場で生や死の問題を考えることを目指していることと無関係ではない。つまり、臨床死生学を研究することは、自分が、教会や学校、クリニックなどで、悲しんでいる人々と接する機会が多いことと、彼らの心の癒しのために少しでも役立ちたいということと関係している。

以上のような事柄を踏まえて、編者は、死生学の中でもとくに臨床死生学という分野に特化し、研究を深めていこうと考えている。

本叢書のタイトルを「臨床死生学」としたのも、このような背景がある。

そもそも臨床という言葉は、「病人を相手に治療・診断を行うこと」（『日本語辞典』三省堂）を意味する。しかし、現実に臨床の現場にいると、診断や治療の対象となるのは、病気や病人だけなく、家族や社会全体も含まれることに気づく。

ところで、臨床という言葉は、英語ではクリニック（clinic）という。そして、この語のもとであるギリシャ語のκλίνηはベッドを意味する。ギリシャ時代に治療が行われていたアスクレピオスの神殿では、患者は、ベッド（クリニック）の上に横たわり深く眠る中で病気は癒されると考えられてきた。ちなみに、眠りを意味するギリシャ語κοιμάωという言葉から、死者を埋葬する墓場cimeteri, cemetaryという語が派生したといわれる。[(2)] このことから、歴史的にも、臨床と死とは深いかかわりがあることがわかるし、臨床に密着した死生学を臨床死生学と名づけることは、妥当であると考える。

哲学者の中村雄二郎が、科学的研究によって得られる「科学の知」に対して「臨床の知」の重要性を指摘したことは、よく知られている。彼によれば、臨床の知とは、「個々の場合や場所を重視して深層の現実に関わり、世界や他者が、われわれに示す隠された意味を相互行為のうちに読み取り、捉える働きをする」ものである。[(3)] ここでいう、「個々の場合」とは、自然科学的方法論とは異なり患者の家族の「個別性」を尊重するということであり、「場」とは、各々の「フィールド」や「状況」を重視することである。そして、臨床の知を獲得するためには両者の相互性ないし関係性を研究することが大切であるということが強調されなくてはならない。つまり、臨床の知とは、患者や家族など二人称としての「他者」や現実状況など三人称的「場」の中に秘められている「関係性」や「隠された意味」を探ることにあるといえるであろう。おそらく、そこには人々の、死生観や価値観、スピリチュアリティ、倫理観などが反映しているものと思われる。

ここで、臨床の知の解明を目的とする臨床死生学が日本において、どのようなかたちで形成されてきたか、ということについて、素描しておきたい。

わが国では、一九九五年、日本臨床死生学会が創設され、「日本臨床死生学会誌」が創刊された。この雑誌は二〇〇七年で十二巻を重ね、現在にいたっている。また、かつて編者が奉職していた東洋英和女学院大学大学院（人間科学研究科）では、全国に先がけて、死生学コースが設けられ、大学院の修士および博士課程が設けられるとともに、そこに「死生学研究所」が付設された。

筆者は、この経験を生かして『臨床死生学事典』（日本評論社、二〇〇〇年）を編集し出版した。その後筆者は、聖学院大学大学院（人間福祉学研究科）に転じ、人間福祉学研究科の一分野の中に新たに「臨床死生学分野」という科目群を設けさせていただいた。カリキュラム内容を紹介すると、臨床死生学の課題、医療と死、介護と死、死にゆく者の心理、グリーフケア（悲嘆援助）とは何か、悲嘆の社会化、悲嘆援助の方法、残された子どもや子を失った親の援助、自死遺族への援助、援助者の燃え尽き症候群への対応等である。その他、実習を通して、病院、高齢者介護施設、クリニック、ホスピスなど、実際に苦しんでいる人々やその家族に直接接し、学生がよき援助者となるための気づきを得る機会を提供しようと考えている。

このような、筆者の臨床死生学に対する基本的姿勢ないし立場を踏まえ、本叢書は医師、看護師、カウンセラー、文学研究者など多様な現場で働き、その臨床でこの課題を追究してこられた方々に執筆を依頼した。このような多様な視点から論じられ、編集されている本叢書が、臨床の場における生と死の諸問題を浮かび上がらせ、この課題に取り組んでいる方々の参考になればと願っている。

二　本書の概要について

われわれは、この世に生を受け、物心ついたころから、なにか生きがいをもって生きたいと思って生きている。生きがいとは、具体的にいえば、生きる意味や目的をさす。言葉を代えていえば、それは生きる力といってもよい。健康なときは、生きがいだとか生きる力などということは、めったに考えない。しかし、病気になったり、死の不安に襲われたとき、人は、生命に対する〝飢餓感〟をもつ。このように、少しでも長く生きたいと思っている人々の要請に応えるべく、現代の医学や医療は、進歩発展してきた。その結果、これらの技術や学問は延命や救命することに対しては、大きな貢献をしてきた。他方で、先端医療の〝影〟の部分も明らかになりつつある。つまり、延命や救命することを最重視するあまり、死がタブー化されるようになったのである。「スパゲティ症候群」という言葉に象徴されるように、身体中に管を入れられ、無理矢理生かされるといった弊害が指摘されるようになった。医療の絶対化は、医療の偶像（アイドル）化を生む。

I部に掲載された論文の中で、梅谷薫は医師としての経験に基づいて臨床にみる生と死を扱っている。その中で、彼は患者ひとりひとりのこころとからだを、包括的、全人的にみることを説く。つまりぬくもりのある医療、人間性のある心のこもった医療が行われることの大切さを述べている。また、安達富美子は病名告知について実態調査を行って分析を試みている。日本では病名告知やインフォームド・コンセントが難しいと述べているが、このことは、医療における死のタブー化と、日本人の死生観によるところが大きいと思う。

人間は、どんなに命を延ばすことができても、死は確実に訪れる。命には限界があるという生物界の掟から人間も逃れることはできない。そして、たとえ生物的な命は生きていても、生命の質が保たれていなければ、本当に生きているとはいえまい。生きがいや生きる力が発揮できないような生命は、たとえ呼吸をし、心臓は動いていても、すなわち生物的生命は存続していても、精神的な生命を失っているといえないだろうか。こういうことに気づいて、生命の質を重視する医療を進める人たちが現れてきた。このような時代の流れの中で、ホスピス運動や緩和医療、在宅医療といった人間のぬくもりのある医療に対する人々の関心が集まり始めた。海野志ん子もその中の一人である。彼女は、市民としての立場から、福島で「生と死を考える会」を立ち上げ、生命の質を重視する末期医療のあり方を、医療者も巻き込みながら模索してきた。彼女の活動は、現代医療の中で、どちらかというと置き去りにされている人々、精神的生命を失った人々に光を与え生きる力を活性化する取り組みである。つまり再生する活力を、地域社会の中で掘り起こそうとしている。ついでながら彼女の活動エネルギーは、彼女の闘病体験や身内や親しい隣人の相次ぐ死、さらには、周囲の支えによるところが大きいことを彼女自身告白していることを付記しておく。

ところで、冒頭で述べた生きがいや生きる力は、自分や身内の者が病み死に直面した時だけでなく、愛する者を失った時にも萎えてしまう。人は、このような時にも、悲しみを伴う〝生命の飢餓感〟に襲われる。このような、遺された者の悲嘆について論じているのが、Ⅱ部に収めた論文である。村上典子論文と村上純子論文、宗村弥生論文は、家族や愛する者を失った人々へのグリーフ・ケア、グリーフ・ワークを論ずる。

まず村上典子は、本論文の中で心療内科医として、HIV／AIDS患者、血友病患者などと最初に出会ったのが、臨床現場であること、その後、感ずるところがあって、ボランティア（支援者）として、「HIVと人権・情報センター（JHC）」に入会したこと、その活動の中で、血友病患者やその家族へのケアを行う「ケアーズ」という団体にも深くかかわっていった経緯等を語る。そして、そのような活動の中で、とくに重要なことは、彼女が数多くのＨＩＶ／ＡＩＤＳ患者の遺族に出会ったことである。彼らが、悔しさや怒り、自責、後悔、差別、不安、孤独感をもっていることを知り、あらためて、悲嘆援助（グリーフ・ケア）の必要性に村上は気づいていく。そして、そのような体験が、診療の中で出会った多くの死別体験者へのグリーフ・ケアへの関心へと広がっていく。

村上典子は、ＨＩＶ薬害被害者の遺族と他の原因で死別した遺族では、相違点もあるが共通点もあるという。そして、終章では、すべての遺族に対するグリーフ・ケアのポイントを簡潔に記し、しめくくっている。

ところで、村上純子は「親と死別した子ども」の悲嘆を、また宗村は「子どもを失った親」の悲嘆をテーマに論文を執筆している。その中で、村上は、親を失った子どもが精神的に病んでゆく姿を、カウンセラーの目できっちり描き、その対応について言及している。宗村は、子を失った親の悲嘆について、丹念に面接調査を積み重ね、実証的なデータをもとに数々の提言をしている。この二本の論文で共通している点は、子どもであれ、親であれ、もっとも重要な課題は、亡くなった者や自分に対する罪責感に対する対処の仕方である。宗村は、子どもと死別した親のもつ罪責感をその親自身がどう意味づけることができるかということを、援助者が共に考えてゆくことが、悲嘆援助のポイントになると述べている。

Ⅲ部では悲嘆と文化、とくに文学や宗教との関係を取り上げる。小高康正は、どの文化においても、自らのグリーフ・ワーク（喪の作業）も、他者からのグリーフ・ケア（悲嘆援助）も、本来は、共同体の中の葬送儀礼や服喪儀式の中で、行われてきたと述べている。しかし、現代社会では、死のタブー化と共同体の崩壊によって、遺族は、死別の悲しみにどう対処してよいかわからなくなってしまった。昔はあった「死者と生者」とが共生する喪に服するという思考が今やなくなってしまった。そのために、現代人は、死者をどこに送るかがわからなくなり、それゆえ死者のゆくえがわからなくなったとしている。「死者が安らかでなければ遺された者の側も安らかではない」と、小高は主張する。

彼は、このような危機意識のもとで、生者と死者の間に架橋すべきものは何なのかということを模索し、遺された者に新しい生き方、つまり新しいかたちでの物語を再構築することを生きがいとすべきであると述べている。

小高の提出した、この「新しいかたちでの物語を再構築する」という課題に対して、平山の論文が答えるかたちで本書は構成されている。

すなわち、平山論文は、罪責感を強くもつといわれる自殺遺族の悲嘆援助について、心理的、宗教的立場から論じた。テーマを、旧約聖書に登場するイスラエルの初代の王サウルの自殺に選び、彼の死に直面した住民がどのようにその悲しみと向き合いその哀しみを癒そうとしたかということを検討し、そこで得られた結果を現代の自殺遺族やその他の遺族のグリーフ・ワークやグリーフ・ケアに役立てようとした。

ここで平山が、とくに強調したいことは、聖書の中に描かれているサウルと住民との間で展開された悲嘆治療に関する物語が、現代における自殺遺族がもつライフヒストリーの中で小高が主張する「新しいかたちでの物語を創造し、再構築する」ための有力な手がかりを与えてくれるのではないかという問題提起である。

本書が、悲しみの中にある人々に寄り添う方々にとって少しでも役立ってくれれば、編者として、望外の喜びである。

二〇〇八年四月四日

聖学院大学総合研究所
平山　正実

注

（1）平山正実『死生学とはなにか』日本評論社、一九九一年、一三頁。
（2）平山正実『見捨てられ体験者のケアと倫理――真実と愛を求めて』勉誠出版、二〇〇七年、二八八－二八九頁。
（3）中村雄二郎『臨床の知とは何か』岩波書店、一九九二年、一三五頁。

I

臨床医の診た生と死の風景

梅谷　薫

一　はじめに

人の死は、医師により死亡診断書または死体検案書が発行されたことをもって確定する。現在の日本ではこれが法律的な「死の判定」の解釈である。人の死を決定する権利は医師にのみ許されており、それが医師という職業に伴う社会的地位の保証ともなっている。

では、人の死を決定するという重要な仕事について、医師たちはどのように教育され、「医者」という職業人になってゆくのか。あるいは、ゆくべきなのか。「生と死の教育」あるいは「デス・エデュケーション」という平山の提起(1)は今でも重要な課題の一つである。

ここでは筆者自らの臨床経験を振り返ることにより、臨床医がどのように人の死に立ち会い、死をめぐる問題に直面し、どのような死生観を身につけてゆくのか、について考察した。おのおのの事例については、プライバシーを尊重して必要な変更を加えたが、基本的に事実に基づいた記述となっている。

さて現代の医学技術体系は、生命の維持にはきわめて有効な手段といえるが、死をめぐる対応についてはほとんど無力である。直前の苦痛を緩和し、死の判定を行うことはできる。しかし、死を前にした者の不安にどう対処し、残された家族・知人にどう配慮するのか。そのための知識・技術が十分に蓄積され伝えられているとはいいがたい。

また一人の臨床医として力を尽くして病気と闘ってきたあとに、死の判定を終えて「ご臨終です」と家族に伝える瞬間、どうしようもない敗北感、無力感に襲われることがある。死もまた医療行為の一部と割り切ることは難しく、医師の側に大きな心の傷を残すこともある。

医師は死の判定役から降りることができない。だからこそ一人の死の意味するところから逃げず、あらためて生の意味、生きる意味を自らの人生観として問い続けることが必要になるのである。

二　最初の受け持ち患者の死

医師になった者にとって、最初の受け持ち患者は印象が強い。まして、その人に死なれてしまった場合は。強い敗北感の中で、医者として何ができるのかを考える。筆者もまたそういう経験が、医者としての第一歩だった。（なお、以下は個人的な「語り」の形式で記述するため、筆者の一人称は「私」で統一する。）


大学を出て、都内の救急病院に就職した。

まずはローテート研修（各科を順に回る研修方式）の一環として循環器の病棟に配属。最初の受け持ち患者はA

さん。五九歳の女性。病名は心不全と甲状腺機能低下症であった。

Aさんは夫に先立たれ、二八歳になる娘さんと二人暮らし。三ヵ月前から足のむくみが出て調子が悪くなり、全身のだるさ、息切れがひどくなってきた。一ヵ月前にこの病院を受診。心電図やレントゲンで心不全と診断され入院した。さらに内科の血液検査で甲状腺の働きが悪くなっていると言われ、その治療が始まるところだったのである。

最初に診たとき、Aさんの反応は鈍く、顔もむくんでおり、話もゆっくりだった。一見、知的障害をもっているか、あるいはうつ病のような印象を与える。これは、この病気の特徴でもある。研修医になったばかりの私は医学書を一生懸命調べたり、薬の量が足りないことはないかと気をもんだりしていた。

本人や娘さんともよく話した。夫が交通事故で亡くなってから、母娘二人で支え合うようにして生きてきたこと、病気になって入院してしまい、娘に迷惑をかけたので、早く退院してパートの仕事に戻りたいこと。Aさんの話はゆっくりと、果てしなく続いた。

さいわい薬が効いてきた。胸の水はほとんど消え、息切れもしなくなった。Aさんは表情も明るくなり、毎日の入院生活にも活気が出てきた。良くなったのは別に私の努力のせいではないが、受け持ち医としてはうれしい限りである。医者として誰かを治すことなんてできるのか、という当初の不安は、Aさんの回復によって少しだけ軽くなった気がした。

Aさんは退院した。そして半年後、私が外来をもてるようになった時、そこに通うようになったのである。しばらくは平穏な状態が続いていた。

ある朝突然、Aさんが自宅で亡くなったという知らせが入った。

私は驚いた。あんなに治療がうまくいっていたのに。なぜ？　病院での解剖を依頼し、やがて遺体が運ばれてきて実際に対面するまで、Ａさんの死という現実を受け止めることができなかった。

解剖の結果を聞いてあらためて驚いた。甲状腺の治療はうまくいっていた。だが甲状腺の働きを良くしすぎると、心臓に負担がかかり不整脈が起こりやすくなる。彼女の死因はそのためと判断されたのだ。

私は苦しんだ。治療のさじ加減に問題があった。私に十分な力がなかったために、Ａさんを殺してしまった。そう思えた。

しかし苦しい思いで遺族の方に結果を伝えたとき、娘さんは私にこう言った。「先生、ありがとうございました。おばあちゃんは先生のことが本当に好きでした。あの先生のところにいくと、何だか元気になるんだよ。いつもそう言っていたんです。大好きな先生に最後みてもらえて本当によかった」。私は頭を上げることができなかった。私は力のたりない研修医にすぎず、Ａさんと娘さんの評価は過大にすぎた。それがさらに私を苦しめた。それでもその時の言葉は唯一の救いだった。

はじめて患者の死に立ち会うことは、研修医にとって最初の大きな難関である。

死は厳粛な審判官である。医者が、主観的にうまく治療しているつもりでも、ちょっとした間隙をついて突然判定が下される。それまでの知識・技術への自信がゆらぎ、自己認識が大きな危機にさらされる。

そこから立ち直る手助けとなるのは、指導医であり、同僚であり、家族であり、そして何よりも患者本人と遺族なのである。それまで築いてきた患者、家族との関係こそが最後に自分を救うのだと自覚する瞬間でもある。

最後に遺族から言われた言葉は、今でも私を支え続けてくれている。

三　身近な人たちの死――一人の家族として

職業として死に立ち会う際の原点になるのが、自分の肉親との死別の仕方である。しかしこれは個人差が大きく、それぞれの体験をもとに死に立ち向かうしかない。

私が近しい肉親の死を経験したのは、医師になってからずいぶん後のことだった。それがよかったかどうかはわからない。ただ肉親の生きざま、死にざまは、あらためて死について深く考えるきっかけとなった。

祖母が死んだのは、医者になって十二年目のことだ。九二歳だった。

共働きで影のうすい両親の代わりに、私を育ててくれたのがこの祖母だった。

近所では有名な「けちんぼ」の意地悪ばあさんとして通っていた。が、小さいころの私にとっては唯一頼れる存在であり、私を無条件に認めてくれる人であった。

生後まもなく両親に捨てられ、行く先々で苦労した祖母は、他人をいっさい信じない。気に入らない息子の嫁、つまり私の母とは徹底的に争い、そのおかげで小さいころの私はずいぶん心を痛めた。

祖母の晩年は孤独だったといえる。息子夫婦とは断絶状態にあり、奥まった自室で終日一人、テレビを見ていた。足腰が弱って歩けなくなると、自宅から二時間ほど離れた老人病院に入り、寝込んでいることが多くなった。生まれたばかりの私の子どもの写真を両親と奪い合ったと聞く。

祖母が死んだと聞いて、ようやく私は自宅に向かった。連日の仕事で手一杯の状態だったのだ。自室に横たえられた祖母の死に顔は、これまでになく穏やかだった。「死ぬまで院長を呼びつけて、あごでこき使ってましたよ」と、同室の人が言ったらしい。私は思わず笑った。祖母らしい最期だった。

喪主は私がつとめた。父はすでに認知症で役に立たない。祖母の手作りの鞠《まり》をたくさん棺の中に入れた。地元の風習で、喪主である私が祖母の棺に火をつける役である。棺の上に置かれた紙に火をつけるとき、手のふるえがとまらなくなった。なぜか泣けてしかたがなかった。

肉親の死ははじめての経験だった。まわりからどんな悪口を言われても、私にとっては大切な育ての親だった。身近な者の死が、これほどまでに大きな何かを私の人生から奪い去るものだったとは。医師としてすでに多くの死をみてきたが、その本当の意味をはじめて知ったのだ。と、そう思った。

父の死はそれから八年後のことだ。

高校の校長を退職してしばらくは、母と海外旅行するなど、悠々自適の生活だった。

四年目に「ぼけ」の症状が出始めた。まず手紙が書けなくなった。地区の寄り合いでまともに挨拶ができなくなった。文化会館の館長の仕事もできなくなった。

地元の病院で診断がつかず、上京していくつかの病院で診察を受けた。混合型の痴呆という診断。治療法はとくにないと言われた。

同居していた母の苦労は相当なものである。突然「でかける」という父を車に乗せてあちこち走り回ったり、服を着たまま風呂に入った父を着替えさせたり。行動化の激しかった数年間は母もかなり参っていた。私といえば、仕事と家庭で身動きがとれない。たまに帰った私を、父が「どなた様でしょう?」と迎えたときは、さすがにショックを受けた。

若いころは頭脳明晰を誇り、気象庁で研究者としての将来を夢見ていた父である。病気をえて地元に帰ってからは高校教師となり、敗戦後の農村の青年たちに自信をもたせるためにはどうすればよいか、考え続け実践し続けてきた父だった。高校生までの私も父を尊敬し、いずれは教師になりたいと切実に願ったものだ。

その父はしかし、発病後数年で寝たきりとなり、教え子の医師の世話で病院と施設を行き来する状態となった。肺炎を起こしては危篤となり、入院を繰り返す。私も何度かは帰省したものの、そのうち忙しさを理由にあまり帰らなくなった。最後に父を見舞ったとき、おそらくこれが最後になると思った。十年にわたる闘病で父はすっかりやつれ、表情は失われ、私を見ても何の反応もしなくなっていた。

父の死にはやはり間に合わなかった。そして今回も喪主。棺に火をつけながら「おやじ、本当に長かったなあ」と、しみじみ思った。父は十分長く生きたのだ。そしてそれがよかったかどうか、私にはわからなかった。

肉親の死のありさまは、それを経験した者に「死をどうとらえ、どう考えるか」という重い課題を与える。祖父母や両親はそれまで「どう生きるか」のモデルであった。時には共鳴し、時には反発しながら、人生をどう生きるかを学んでゆく。

それに比べ、「どう死ぬか」はほんとうに難しい。祖母の死は孤独だったが、いかにも祖母らしい死に方だった。父はもう少し、父らしく死なせてやりたかった。しかし今の医学は父の生命を長らえさせることはできても、「父らしい生き方」を長らえさせることはできない。肉親はそうしたことに圧倒され、さまざまな傷を負う。その傷をどのように理解し、どう対応するのか。臨床医として何ができるのか……。

医師の人生観、ことに死生観は肉親との家族関係の中で培われ、変容させられてゆく。どのような家族に生まれるかは自らコントロールすることができない。では医学教育の中でそれが可能なのか。可能だとすれば、臨床現場での教育スタッフの力量や死生観もまた重要だといえる。そして何よりどのような患者、家族と巡り合うかということも。

四　蘇生を繰り返した末の死

若い医者は病気を治すことに必死になり、そのために研鑽を積んでゆく。それは当然だ。しかし、人はいつか死んでゆく。いくら頑張ってもそれを避けることはできない。Bさんとの出会いはそれを鮮烈なかたちで教えてくれた。


Bさんは七二歳の女性。診断は慢性呼吸不全、心不全だった。

当時、私は郊外の倒産しかかった病院に勤務していた。Bさんは近くの農家の嫁としてずっと暮らしてきた方。喘息《ぜんそく》と肺気腫を長くわずらい、肺はもうぎりぎりの状態まで悪化していた。

それでも調子の良い日を選んで車いすを押し、長い廊下の突きあたりまで行くと、そこから夕焼けが見える。眼下をゆったりと川が流れ、向こう岸の畑や人家のはるかかなたに、真っ赤な夕陽が沈んでゆく。Bさんも私も、それを黙って見ているのが好きだった。

彼女の病気は、冬になって悪化した。少し熱が出て痰がからんだと思うと、すぐに息苦しくなり、可能なレベルまで酸素を上げても血液の中の酸素が増えてこない。意識が遠のき、呼吸が弱くなる。血圧が下がってくる。私は呼ばれるとすぐに飛んで行って、心臓マッサージと人工呼吸を始めることになるのだった。そうして何度もBさんはよみがえってきた。

Bさんは、しかし、その繰り返しが苦痛でならない。気がつくと強引に管をのどに突っ込まれ、胸を圧迫されてひどく痛む。機械が無理やり空気を押し込んでくる。点滴や尿の管でつながれて身動きもとれない。医者や看護師は生命を助けてホッとしていても、本人の苦痛は想像以上だったと思う。

Bさんは、とうとう「先生、もう助けないで」と言うようになった。「十分に生きたから。もういいの。今度息がとまったら、そのままにしておいて」。しかし、私はまだ若い医者で、そのままにしておくことはどうしてもできなかった。

Bさんの容態が悪化する。いつもの願いが頭をかすめる。でもやはり、私は気管に管を突っ込み、心臓をマッサージし、もう一度眼を開けてと願うのだった。彼女はやがて意識が戻ると、仕方がないといったように頭をふり、「先生、また助けちゃったのね」とつぶやく。私は申し訳なさと安堵とで、何ともいえない気持ちになるのだった。

Bさんが亡くなったのは、七度目の発作の時だった。肺炎を合併していたためか、いつものように反応が出ない。私は精いっぱいのことをしたはずだったが、とうとう救うことができなかった。

家族に臨終を告げ、私は彼女の死に顔を見つめた。いつもの穏やかな表情だった。Bさんはようやく願いをかなえることができた。

医者にとって、死は敗北だと教わった。少なくとも当時はそう信じていた。だからこそ、必死になって治療にあたり、受け持った人が死ぬとほんとうにつらく感じた。そのようにして医学も進歩してきたのだと考えていた。

しかし、Bさんのようなケースを経験すると、どのような場合でも救命が最善の策なのか。そうした疑念がわいてくる。当時は、安楽死、尊厳死という用語すらなかった。それでも無条件に蘇生措置をすることが良いとは限らない。苦痛のない死を望む人の願いに、医療者はどう対応すればよいのか。

医師に死の時期をコントロールする権利を与えることが一つの政策的な選択肢であることは、オランダの安楽死政策をみても明らかである。しかしそれは一方で遺産をめぐる犯罪行為を生み出し、医師が最善の努力をせずに安易に死を選択する道を開くことにもなる。

当面は現状の中で、できる限り丁寧に一人一人の死に向き合うしかないだろう。患者もまたその条件の中で苦しんでいることを十分に感じながら。

五　疼痛から逃げない死に方――特攻隊員であった人の死

日本人の三分の一ががんで死ぬ時代である。がん死に対する認識も大きく変貌した。

比較的最近になるまで、医者の悩みはがんによる痛みのコントロールだった。一九八〇年代にはモルヒネにワインなどを加えた「ブロンプトン・カクテル」がすでに考案され用いられていたが、中にはそうした痛みの治療を拒否する人たちもいた。Cさんもその一人である。

Cさんは六二歳の男性。肺がんの治療で入院していた。

Cさんは寡黙な人で、自分のことはあまり語りたがらなかった。奥さんはすでに亡くなり、娘さんが看病に病院を訪れていた。

Cさんの病状は重く、抗がん剤の治療も打ち切られた。問題は頑固な痛みだった。背中からわき腹にかけてひどい痛みが続く。彼は決して弱音をはかない。しかし、どれほどひどい痛みかは、その表情からうかがい知れた。苦悶の表情を見るのがつらくて、私は何度も彼に痛み止めを使うことを提案した。飲み薬や座薬、そして注射。しかしCさんは頑として受け入れない。薬の中にそれとなく混ぜてみたが、それが何の薬か看護師から聞き出して飲むのをやめてしまった。

どうしてそれほどまでに痛み止めを拒否するのだろう?

ある日、看病に訪れた娘さんを呼び出して、訳を尋ねた。

「父は特攻隊の生き残りなんです」と、娘さんは語り始めた。

「母から聞きました。終戦の少し前、父は特攻隊員の一人として、知覧の基地から出撃しました。けれども途中で飛行機が故障して不時着してしまったんです。再度の出撃を望んだ父でしたが、終戦でその意志を果たせませんでした。

戦後は故郷に戻り、実家の商売をついで結婚して、私たちが生まれました。父は私たちのために身を粉にして働き、孫たちにも恵まれました。でも、きっと父はいまだに引きずっているんです。これでは、死んでいった戦友たちに申し訳がたたない。自分だけが幸せになるわけにはいかないんだと。

父は今でも夢に見るそうです。あの日の空を、戦友の方たちと飛行機で飛んでいる夢を。痛み止めはきっといらないんです。激しい痛みに耐えながら、父は戦友と一緒に闘っていると感じているのではないでしょうか。どうか、父の最後のわがままを許してやってください」。

私は何も言えなかった。Cさんは、がんの痛みよりもさらに厳しい心の痛みに耐えてきたのだ。最後の闘いに臨んでいる彼に、下手な思いやりはかえって邪魔なだけなのだろう。

Cさんはその姿勢を変えることはなかった。最後までりっぱに戦い抜いて死んでいったのだった。

がんの痛みを軽くすることは医者の大事な仕事の一つである。強い痛みが患者の生きざまを変貌させ、人としての一貫性さえ奪うことは、山崎章郎『病院で死ぬということ[2]』でも語られている。その後ようやくモルヒネをうまく使うことが重要であるということが広く知られるようになり、以前のような悲惨な痛みは味わわなくてすむようになった。

しかし痛みの感じ方やその意味は人によって異なる。症状とは、ある意味でその人の人生を語る「言語」なのであり、医師はその正確な翻訳者であることが求められる。人生というコンテクストあるいは「物語」の中で、症状や病気のもつ意味を本人と家族に解明し、その対応策を練ってゆく。とくに死という重要な出来事をどうとらえ、どう対処するのかは、医師にとって重く、それだけに価値のある仕事だといえよう。

六　告知の難しさ――予後を告げた例

がんの告知は難しい。治せるがんなのか、そうでないのか。どのくらいの期間もちこたえられそうか。痛みや苦しみは強いのか。本人の精神状態はどうか。家族はどのくらい支えられそうか。いろいろな条件を考えながら話を進めてゆく。

それでも告知は難しい。受容のために残された期間が短く、苦痛を分かち合う家族や知人が少ないときはとくにそうである。

Dさんは六五歳。診断は膵がん。

酒びたりの人生だった。毎日一升びんをかるく空けていた。

「女房、子どもにも見捨てられたんだ。ある日急にいなくなっちまった」と、Dさん。

北海道から出稼ぎに来たが、やはりもらった金は酒代に化けてしまう。タクシーの運転手も続かなくなり、ホームレスになってガード下で暮らしていた。

わずかな食事も取れなくなり、腹痛を訴えて病院にやってきた時は、ガリガリにやせていた。すぐ入院。アルコール性の肝障害と思われたが、実は膵がんが相当に進行していた。すでに打つ手はなかった。

ケースワーカーが身寄りを必死になって探したが、手がかりがつかめない。やむなく本人に直接告知することになった。「実は膵臓がんです。残念ながら手術や抗がん剤が効く状態ではありません」。本人とケースワーカーを前にして告げた。

「で、どのくらい生きられるんです?」Dさんは尋ねてきた。まっすぐな、見据えるような視線である。私はためらった。そしてDさんの勢いに押されるように答えた。「おそらく三カ月くらいでしょう」と。彼はしばらく黙っていた。そして軽くため息をついた。「そうですか」。低い声でDさんはつぶやいた。

しまった、と思った。今後の予測なんて言うんじゃなかった。病名の宣告だけなら、まだ希望がもてる。しかし時間の宣告、まして三ヵ月ではではショックが大きい。予測が当たるかどうか、ほんとうはわからないのだ。「まあ、それ以上に長生きされるケースもありますから……」とつけ加えながら、私は脱力感を味わっていた。口に出した言葉はもう返ってこない。

同席したケースワーカーも焦っていた。まさかこうきっぱり期間を告げるとは思わなかったのだ。それからケースワーカーのふんばりが始まった。身寄りのないDさんのために、万一の時の書類を作り、毎日のように電話を入れて励ましの言葉をかけた。タクシーの運転手仲間を集めて、釣り大会を催し、Dさんは大物を釣り上げてたいへん満足した。

Dさんは、それから四ヵ月半もちこたえた。予測は当たらなかった。いや、ほんとうはDさんが意地になってがんばったのかもしれない。そうであってほしいと願う。たとえ敵役《かたき》になってでも、闘病意欲を引き出したい。医者としてはやはりそう思いたいのである。

最近、患者の一人から聞いた話。ある高度がん治療センターを受診したら、アンケートを渡された。「すべてを告知してほしいですか、あるいは何も知りたくないですか?」と。その人は当然のように告知を選んだ。すると、外来の医者がこう告げた。「あなたは膵臓がんです。治る見込みはありません」と。これが現代のがん治療の最先端? とその方から尋ねられ絶句した。

がんにかかることは、その人の人生にとって重大な危機なのであり、告知は慎重に行わなければならない。告知したほうが予後が良かった、と研究論文ではいうが、告げられた者の衝撃の深さは論文からはうかがえない。

だからこそ、Dさんのことは私にとって重い。医者は言葉ひとつで、その人の勇気を引き出したり、絶望の淵に追いやることができる。(3) 人によっては薬になる言葉が、場合によってはその人を殺す毒にもなるのだ。だから、ケースワーカーのふんばりには心より感謝するほかない。ひとつの言葉をフォローするには、それほどの努力が必要になることもある。「語る言葉の難しさ」(4)には十分すぎるほどの配慮が必要なのだ。

どのような場面で、どのような言葉を選ぶべきか。医療者にとって重要な「技術」であるはずの「言葉」の問題はまだ十分に理解されているとはいいがたいのである。

七　在宅での看取り――家族関係のもつれ

「家で死ぬ」ことを望む患者は多い。しかしそれは年々難しくなっている。在宅死の比率は、一九五二年の八二・五%から、七三年の五〇・二%へと低下し、二〇〇四年には一二・四%にまで減少した。半世紀で七分の一である。最近ようやく在宅支援診療所などの増加でその事態が改善しつつある。ただ、家で死ぬことは、家族に多大な負担をかけることと同義である場合も多い。

ある時期、大きな団地のそばの診療所長をしていた。毎日百人前後の患者さんを診察し、在宅の方の往診に出かける。自宅で亡くなる方も多く、夜中に呼び出されてはそこで看取るという経験も積んだ。

往診をすると、その家の中がよくわかる。外来で見ていたのは、その人の人生のほんの一部にすぎないことがよくわかる。時には家族の心のもつれまでよく見えてしまうことがあった。

Eさんは八七歳の女性。診断は老衰と心不全だった。

Eさんが自宅で寝たきりになったのは八年前のこと。もともと心臓弁膜症で息切れがしやくすく、体が弱かった。亡くなった夫はかなりの資産家で、かなり大きな家とそれなりの遺産が残り、彼女は二人の息子を育て上げることができた。

どちらかというと甘えん坊の弟のほうをかわいがったので、兄はそれを快く思っていなかった様子。それぞれ商売をしていたが、次第にうまくいかなくなった。Eさんは長男夫婦とともに住みなれた家を手放し、小さな家に移った。もともと長男夫婦とはうまくいかなかったが、彼女が寝込みがちになり、手がかかるようになってからはかなりのいじめにあったらしい。弟も借家住まいで母親を引き取ることができなかった。

Eさんはいつも自分のふとんの中で静かにしていた。小さなやせたおばあさんで、時々曲がった足腰を痛がる。長男は仕事もなく家にいるというが、姿を見たことはなかった。

Eさんがいよいよ危篤になったと聞いたのはある日の夕刻。私は看護師とともにEさん宅に向かった。

血圧が測れなくなり、呼吸があらくなってくる。長男の嫁が時々やって来て、容態を聞いた。それでも息子は現れない。家にいるのはわかっている。奇異な感じを受けた。Eさんの様子はさらに悪化し、九時過ぎに亡くなった。それほどの苦しみはなく、表情も穏やかで、私たちは肩の荷を降ろしたような気持ちになった。あとは家族を集めて「ご臨終です」と告げ、死亡診断書を書くばかり。しかし、長男は現れない。

嫁に聞くと、「もう寝てしまいましたから」と言う。私は驚いた。重ねて同席を求めたが、譲る様子はない。私はあきらめて、嫁一人の同席のもと、臨終を告げた。

Eさんも苦しかっただろうと後になって思った。息子も苦しかっただろう。実の母子が憎しみをもちながら離れることができないのは互いにつらい。母親の遺産めあてで一緒にいただけなのだという人もいた。何かいたたまれない気持ちになって、Eさんの冥福を祈った。

親子の絆《きずな》は何より強い。会社なら辞めればすむし、夫婦だって別れれば関係は切れる。しかし、親子はそうはいかない。だからこそ死を迎える場面での親子の関係は慎重に扱うことになる。それまでの親子の関係がそのまま現れることが多いからだ。

自宅での死を望む人は多い。できればそうしたいと私たちも願う。しかし、自宅が安住の地とは限らない。とくに長いあいだの介護は家族を疲弊させ、憎しみを生む。介護いじめも、十分に理由のあることなのだ。その事情を察知し、できるだけ関係調整をするのも医療者の仕事の一部だと思う。ただ実際にそれができるかというと、ほんとうに難しい。

精神科・心療内科の治療における注意点として「バイオ（生命）—サイコ（精神）—ソシアル（社会）」という言葉があるが、どこまで視野を広く保って、患者、家族の問題に取り組めるのか。死を看取る者としての視点の広さが求められるところであろう。

八　うつ病の末の自殺

全国の自殺者数が三万人を超えて十年になる。医者にとって、自分の受け持ち患者が自殺するほどつらいことはない。善かれと思って行った治療行為が結局、その人を死に追いやったのではないか。自分の力量不足がその原因ではないのか。その不安に向き合うことを強いられるからである。

内科・消化器科の医療をやっていると、自然にメンタル系の患者さんたちが増えた。四〇歳で心機一転、精神科・心療内科の勉強を始めた。十年間の外来で自殺者が一名。それがFさんである。

Fさんは受診時二九歳の女性。診断はうつ病であった。

四年前から、気分が落ち込みやすく、気力がでない。大学病院の精神科に通院していたが良くならず、知人から勧められて私の外来を受診した。

よく話を聞いてみると、実はドメスティック・バイオレンス、正確には婚約者からの暴力が続いていることがわかった。

彼女の一族は学者や大学教授が多い。兄も東大を期待されていたが果たせず、かわりに彼女が東大に合格して薬学部に入った。有名な製薬会社に就職し研究員として働くうち、有能な研究者の恋人ができた。しかし彼は、親しくなるにつれて彼女に暴力をふるうようになったのである。周囲からは将来有望な婚約者として評価されている相手であり、そのことを誰にも話せないうちに、どんどんうつの症状は進行した。

ひとまず入院して周囲から隔離し、少し落ち着いたところで休職して、もう一度よく考えることを勧めた。彼女はずいぶん悩んだ末に会社を辞め、ようやく暴力の支配からのがれることができたのである。

しかし彼女の自尊心は深く傷ついていた。自分には男性とつきあう資格がない、そう思えたのである。心の支えを求めるように、彼女は東大の大学院に入り直し研究活動に専念した。ところがそこで彼女を思う男性が現れたのである。なかなかの好青年だと、私も思った。彼女もまた、この人なら大丈夫だと次第に思えるようになった。

一緒に修士論文を書いているときに、彼は彼女にプロポーズした。彼女も当然喜んだ。が、そのとき「こんな私があの人にふさわしいわけがない」という強い不安感が彼女を襲ったのである。うつ病の症状が急にぶり返し、論文は進まなくなった。毎日うつと不安が彼女を苦しめ、ふつうの生活が送れない。毎週の受診、注射や点滴、薬の増量で、それでもいったんは落ち着いたかのようにみえた。

私の外来を訪れたとき、まだ不安の症状が強く残っていた。しかし点滴を勧める私に、「今日は大丈夫ですから」と言って彼女は帰っていった。

四日目の朝、警察から電話が入った。Fさんがマンションの屋上から飛び降りたのである。享年三二歳。若すぎる死であった。

お通夜の席で、婚約者が泣きじゃくっていた。私は彼の肩を黙って抱きしめた。彼女の死に顔は美しく、穏やかに見えた。「これでようやく、長い苦しみや不安から解放されました」、そう言いたそうな表情だった。

Fさんの亡くなった日を今でも忘れることができない。毎年、その日の朝、電話を受けた時間になると、ふと足をとめて彼女のことを思う。あのときの私に何ができたのだろう……。

心の病いは、薬だけでは治せない。話を聴くだけでも治せない。だからこそ人間関係、社会関係など幅広い視野での調整を試みる。それでもなお、Fさんのような深い不安や絶望感を癒すことができるだろうか。カウンセラーを育て、グループでのミーティングも行い、徐々に治療環境を整備した今だからこそ、あらためてその課題を考え直すべきだと思っている。

うつ病が増え、心療内科や精神科にかかる患者も増えている。抗うつ剤の研究も進んでいる。画像解析による脳機能研究の成果も著しい。しかし「ソシアル」な部分の研究はなかなか進まない。地味で研究論文があまり書けない分野は、若手の研究者からも敬遠されがちである。

多忙な臨床の医者にできることはそう多くはない。それでもなお、Ｆさんの死を無駄にしたくない。そのためにも臨床経験の蓄積と地道なその解析から浮かび上がってくるものを大切にしたいと思うのである。

九　病棟でのターミナルケア

多くの人にとって「終《つい》の棲家《すみか》」となる病院内の病室。そこではどう死を看取るべきなのか。私が勤務している救急病院では、一つの病棟に、救急患者と検査入院の方々、がんの末期にある方、寝たきりの患者が同居している。多くの病院ではまだまだそのような現状である。その中でどのようなターミナルケアが可能なのか。心に残った事例をあげたい。

消化器科の病棟にはがん末期の患者さんたちが多い。その心理的援助のために、ターミナルケアの研究会を立ち上げた。メンバーは私と心理カウンセラー、若い看護師五名の編成である。関連の本を読みながら、時々議論する。さらに、患者さんを選んで援助活動を行ってみる。Ｇさんはその中で出会った方である。

Ｇさん、六〇歳女性。診断は食道がん、全身転移。

Ｇさんは病棟のトラブルメーカーだった。主治医の指示に従わない。注意するとすぐに怒鳴り返す。中心静脈栄養の必要を説得して医者を病室に行かせると、そんな話は聞いてないと追い帰す。主治医も看護師も困り果てていた。私たちが話を聞くことになったのも、そんな事情があったからである。

実は私がGさんを最初に診察したのはその二ヵ月前。食物が通りにくく、右の首筋にしこりができたという。食道がんを疑い、ただちに内視鏡検査の指示を出した。予想どおり、進行食道がんが発見された。がんセンターを紹介したが、もう治療できるレベルではないといわれた。今回は二度目の入院で、背中の痛みが強くなり、胸水もたまって息苦しさが出始めたころであった。

Gさんは口数少なく、離婚後に今の夫と再婚したこと、以前は水商売をやっていたことなどを話した。私はそばにいる娘さんの落ち着かない様子が気になり、別室に呼んで話を聞いた。娘さんは不安障害で心療内科に通っていたことがわかった。

娘さんからすると、Gさんはひどい母親だった。いつも「おまえはダメだ」と怒ってばかりだった。気が強くて夫とケンカが絶えない。夫は女をつくって出て行った。Gさんは娘さんが中二のとき再婚した。今度の父親は暴力をふるい、娘さんのふとんの中に入ってきたりするような男だった。

娘さんは家を早く出たくて、逃げるように結婚した。しかし、娘を出産した後、夫はやはり女をつくって出て行った。私も母と同じか、と泣きたくなった。パニック発作を起こして心療内科に通った。

「今は母のことが心配だけれど、どうしても親身になれない自分が後ろめたい」と言う。「ずっと母親に抱いていた恨みやつらみが消えない。そんなことを思ってはいけないのに、毎日付き添っているとどうしても気持ちがトゲトゲしてきてお互いに八つ当たりをしてしまう。本人が苦しいのに、家族がこんなんじゃいけませんよね」、と娘さん。

「ずいぶん大変な人生でしたね」と話した。「誰にもそんなこと、言えなかったんじゃないですか?」と尋ねた。

娘さんは涙ぐみながらうなずいた。それだけの苦しみに、ここまで一人で耐え抜いてきたのだった。

痛みどめが効いていないとGさんがいうので、モルヒネを投与するよう指示した。彼女は痛みを訴えなくなり、三日目に意識がなくなった。そしてそのまま眠るように亡くなった。

しばらくして私あてに、娘さんからの手紙が届いた。

「生前闘病中は、頑固でわがままな母におつきあいいただきき、大変なご迷惑をおかけし、申し訳ありませんでした。先生方や看護師さんたちの手厚い看護のおかげで、とても静かで穏やかな最期を迎えることができました。また、私の精神的なケアまでしていただいたおかげで、どうしても母に対し優しくできなかった私が、もう意識のない母に、お詫びと感謝を伝えることができました。複雑な家庭環境に育ち、独特な考え方の母を看取ることは、私にとってかなり苦痛ではありましたが、皆様のご親切のおかげで、何とか乗り切ることができました。本当にありがとうございました」。

最後の一時間、娘さんはGさんと二人きりだった。彼女は意識がなくて、何もしゃべることができない。その時になってはじめて、娘さんはこれまでのことを詫び、感謝の言葉を言うことができた。「お母さんごめんなさい、これまで本当にありがとう」と。

一ヵ月後に、研究会のメンバーでお線香をあげに行った。娘さんも喜んで迎えてくれた。

カウンセラーが一言、言いたいことがあるという。彼女はこんな話をした。

実はお母さんとお会いしたとき、こんなことを言われたんです。

「本当は娘に感謝している。こんなどうしようもない母親のことを、ずっと看病してくれた。やさしい子だと思う。でも、こういう性格だから、どうしても『ありがとう』の一言が言えない。顔を見ると憎まれ口をたたいてしまう」。

だから、あらためてお母さんの言葉をお伝えします。「これまでほんとうにありがとう、心から感謝している」、と。

娘さんは涙ぐんだ。「お互い憎みあってきた母と娘だったけれど、最後に私が感謝したように、お母さんも私に感謝していてくれた。その言葉が聞けて、本当によかった。ありがとうございます。これからはもう少し楽に生きられるような、そんな気がします」。娘さんは深々と頭を下げた。

死を前にすると、それまで隠されてきた家族内部の葛藤が明らかになり、表面化してくる。病棟であろうと自宅であろうと、ターミナルケアにおいてはそうした面に対する配慮が必要だ。家族の一員が欠けることは大きな衝撃である。その影響は誰に出やすいのか、誰が中心となってそのショックを受け止めるのか。家族の中のダイナミクスを理解し、配慮できることが医療チームにも望まれる。

この例では、家族システム論的な視点に立ちながら、ナラティヴ・セラピーあるいは物語療法的なアプローチを行い、スタッフにも協力をお願いした。カウンセラーがGさんと娘さんをつなぐ役割を果たしており、「伝えられるべき一言を必要とする人に届ける機能」を示してくれたのである。

「グリーフワーク」という言葉に示されるように、遺された者が肉親の死を自分の人生に組み込み、いつかは与えられる大きな課題の克服というかたちで人生を豊かにしていけることが必要だ。そのサポートをきちんと行えるような医療者、あるいはチームでありたいと願うのである。

十　おわりに

人は生きてきたように死ぬ。そう思うことがある。

在宅での死を看取るときはことにそうだ。その人の使ってきた家具、その人が読んできた本、その人が愛してきたであろう家族たち……。そうしたものに囲まれながら、終末期を迎えられることは、しかし今では幸せなことのひとつになってしまった。

病室で死を看取るとき、失われやすいものはその人の人生の個別性であり、その人生へのリスペクトである。思い出の品や、社会的な経歴は病室に持ち込むことができない。尊厳ある死とは、尊厳ある生の連続した結果にほかならないはずだが、病院というシステムを作り出し、維持している治療効率第一主義のもとでは、残念ながらそうした配慮はほとんどなされていないといってよいだろう。

治療効果と存命を中心に組み立てられたシステムの中では、死は敗北と評価されやすい。重症のがん患者を多く受け持つ医師の一部は、だから作家・南木佳士のようにうつ病にならざるをえないのである。「病んだ者の視線は例外なく低くなる[5]」という彼の名言はそこから生まれた。

受け持ち患者の死を前にして、若い研修医たちは精神的に立ちすくむ。モルヒネの使用法の確立で、確かに痛みに対する処置は進歩した。しかし日に日に容態が悪化してくると、自分のやっている「治療」の限界、もっている技術の不十分さをいやというほどつきつけられる。また患者が投げかけてくる、不安や絶望感、悲嘆、抑うつ感情、健康な者に向けられる嫉妬や羨望など、さまざまな感情と言葉の渦にどう対処してよいかわからなくなるのだ。

いつしか重症患者の病室からは足が遠のき、ドアを開ける手は重くなる。やがて患者の意識がなくなり、臨終を告げた瞬間のホッとした感情、そして同時にわき上がってくるある種の罪悪感は、医師であればどこかで経験したことがあるに違いない。

そこから逃げないこと。突きつけられたものから目をそむけないこと。それが医師自身に課せられた義務であり、その苦痛を通して医者は医者になっていくのである。医療の現場を長く経験すればわかることだが、できることより、できないことのほうが多く、教えることより、教えられることのほうが多いものだ。医師のもつ臨床技術はだから、大勢のそうした人たちとの経験の集積で成り立っている。終末期に臨む患者が悩み、苦しむたびに、同じような悩みや苦しみの体験を思い起こし、そこで勇気づけてくれた言葉を探す。そういう作業を怠ってはいけない。自分自身を助けてくれた「言葉」がここでは手がかりなのだ。

最後の瞬間まで、「その人らしい」一貫した人生を生きられないものか。そのために医療技術のできること、言葉のできること、家族のできることをさぐること。さまざまなレベルの「手がかり」を用いて、その人にとっての「生きる意味」をさぐりあて、援助してゆく。臨床医だからこそできることもあるはず。それが臨床医を生業《なりわい》とした者自身の「生きる意味」なのだと考えている。

生と死の問題について、多くの方たちから教わってきた。

「死生学」という領域があり、死の側から生の問題をとらえる視点があることを、平山正実教授の著作から学んだ。本章のもとになったのは、二〇〇七年六月三十日、聖学院大学総合研究所が主催して行った「死生学研究会」での講演である。平山教授はじめ参加者の方たちからの真摯なご意見に教えられることが多かった。

医事評論家・川上武先生は筆者の生涯にわたっての恩師であり、共著となった『日本人の生死観――医師のみた生と死』(6)では、死に臨んでの音楽の役割について書かせていただいた。また彼の指導下に書いた『小説で読む生老病死』(7)では、文学作品を通して人の生死について考えることの意義を若い読者に提案した。

病棟でのターミナルケア研究会を立ち上げたメンバー。看護師の佐藤麻衣子さん、山本郁子さん、工藤友紀子さん、登山あゆみさん、窪田智美さん、カウンセラーの山西朋さんにも感謝する。ここでの経験が今回の講演のもとになっている。

臨床医を二十六年間やってきて、ようやく精神科医であったヴィクトール・フランクルの次のような言葉が実感できるようになった。筆者の臨床を貫く考え方は、このような言葉への共感から成り立っていることを述べて、この章を終えたい。


どんな時も、人生には、意味がある。

この人生のどこかに、あなたを必要とする「何か」があり、「誰か」がいる。

そしてその「何か」や「誰か」は、あなたに発見されるのを待っている。

だから、たとえ今がどんなに苦しくても、あなたはすべてを投げ出す必要はない。

あなたがすべてを投げ出しさえしなければ、いつか自分の人生に〝イエス〟と答えることのできる日が必ずやってくる。

いや、たとえあなたが人生に〝イエス〟と言えなくても、人生のほうからあなたに〝イエス〟と光を差し込んでくる時が、いつか、かならずやってくるはずだ。

『〈生きる意味〉を求めて』V・E・フランクル(8)

注

(1) 平山正実『死生学とはなにか』日本評論社、一九九一年、二七五-三〇七頁。
(2) 梅谷薫「医師の言葉と患者の訴え」、川上武、藤井博之、梅谷薫ほか『日本の「医療の質」を問い直す』医学書院、二〇〇六年、九頁。
(3) 山崎章郎『病院で死ぬということ』文藝春秋、一九九六年、六六-八〇頁、文春文庫。
(4) 柳田邦男、山崎章郎「いのちの言葉に耳傾け——物語の最終章を生きる」、ターミナルケア編集委員会編『終末の刻を支える　文学にみる日本人の死生観』三輪書店、二〇〇〇年、一五-二〇頁、ターミナルケア、六月増刊号。
(5) 南木佳士『医者という仕事』朝日新聞社、一九九七年、二六頁、朝日文芸文庫。
(6) 川上武、梅谷薫ほか『日本人の生死観——医師のみた生と死』勁草書房、一九九三年、勁草医療・福祉シリーズ〈54〉。
(7) 梅谷薫『小説で読む生老病死』医学書院、二〇〇三年。
(8) V・E・フランクル『〈生きる意味〉を求めて』上嶋洋一、松岡世利子訳、諸富祥彦監訳、春秋社、一九九九年、二一六頁。

がん告知に対する態度から考察した日本人の死生観

安達富美子

一　はじめに

　がん告知は日本においても本人の告知希望が八割を越え[1]、医療の現場でも告知の度合いはここ数年において急激に増加している。二〇〇四年秋の厚生労働省が行った中小病院を対象とした調査でも、患者本人の四六％にがん告知がなされ、余命の告知も一五・二％になされたという。この大きな変化の背景には種々の要因がある。その一つにインフォームド・コンセントの概念が導入され[2]、病気に関する情報のすべてが本人に説明される経過において、がん告知はその中の一部分でしかないこと、その前提に個人の情報は本人に帰するものであることがあらためて法制化されたことなど、決定的といえる変化があった。

　しかし、告知に関する大きな変化はアメリカでもそうであったように[3]、二十数年の期間の急激な変化であった。筆者は一九七四年まで七年間、国立がんセンターで看護師として臨床の第一線で患者と対応していた。その当時は告知をすることはタブーとなっており、きわめて特殊な患者に病名や治療内容について説明することがあったが、これは例外的なことであった。その後、がん告知はがんセンターを中心に急激に推進され、筆者が二〇〇一年にがんセンター東病院に転勤をしたときには、この病院では病名告知はほぼ一〇〇%になっていた。

がんという病名を患者に告げなかった時代はそのことが当然であり、告げることをしなかった、また、告げることができなかった、日本の社会の精神的な背景があってのことであった。日本人の精神性が形成してきた死生観があってのことであるといえる。告知をしないことが当然とする死生観があったはずである。では、たった二十数年で日本人の死生観は、積極的に告知を受けたいという態度を示すほどに変わりえたのだろうか。

筆者は、どのような日本人としての特徴的なものの考え方ががん告知に対する態度に影響を及ぼしているか、また、人々ががん告知に対する自分自身の態度をどう意識しているかをとらえたいと考えた。そこで、日本におけるがん告知についてその歴史と現状について文献を集め把握した。次に現代の日本人がもっている一般的な死生観、またはがん告知とかかわりのあると思われる死生観、価値観がどういうものかについて文献・著書からとらえる必要があると考えた。次に、洗い出した概念とがん告知のかかわりについて検討し、それらの概念を選択肢として、一般の人々が、がん告知に対する態度についてどのように意識しているか調査を行った(4)。

自分自身には告知を望むが人が八割近いのに、家族には告知するという数値が三割であるという齟齬が、建前としてのあるべき態度と実際の感情との距離を示しているように思われる。

これからの医療の場で人々は自己決定を迫られていくであろう。病名の告知や予後の告知、治療の選択を含めた経過のすべてについて、さらに終末期の医療の選択まで、自己決定を迫られることが当然である時代に移行しつつある。

かつて特殊な知識者層に関してそのことが行われたが、これからはすべての人々にそのような自己選択、自己決定が求められていくということであり、今後課題は種々あることが予測される。

こうした自己選択、自己決定に対する考えや態度を作っていくためには、人々がどのような死生観をもち生活しているかを、自らが意識していることが前提になるであろう。

二　日本でのがん告知の歴史の概略

一九六〇年代まで、医師から家族にはがんであることは話されたが、本人には知らせないことが一般的であった。がんでの死亡率は増加し続けており、一九七〇年に後半になり、死の臨床研究会など、がん医療にかかわる医療者を中心に告知に関して検討をするようになった。一九八〇年以降にはホスピスも設立され、告知後の落ち込みの回復の状況が学会で提示されるなど、告知について各学会でも公的に論議されるようになった。

一九九〇年以降はがんの死亡率が一位になり、これに対応する厚生労働省のバックアップもあって、マスコミでもしばしばがん告知について取り上げられるようになり、社会問題化してきた。各新聞社でも告知に関する調査結果を発表している。告知の是非をめぐっての論議も学会のみではなく、広くメディアを通し行われた。その後、臓器移植法についての死についての論議でも、人々に死について大きな問いかけがなされた。インフォームド・コンセントの導入や個人情報保護法の成立を経て、告知の論議はほぼ落ち着いたようにみえる。二〇〇〇年になされた朝日新聞社の調査によると、「知りたい」は六七％と増加している。二〇〇四年にははじめて八割を越えた。しかし、臨床現場では現在もどのように伝えるかの努力が絶えることなく続いているし、また、それを受ける患者の苦悩も変わりはない。

三　日本人の死生観――がん告知に対する態度に視点を当てた文献の検索

(1)　八つのコンセプト

日本人の死生観に関する著書、がん告知に関する国内国外医療関係の論文、患者家族のがん体験著書などから、がん告知に関わると考えられる八つのコンセプトを洗い出し、これらの因子が「がん告知に影響を与えている日本人の死生観」であると仮説を立てた。

(1)　諦め（従容、受け身）

死は自分の力の及ばないことであり、自然の摂理に従うだけであるという諦観をもっている。諦観（たいかん）は仏教用語として、真理、悟りをも意味している。

(2)　やさしさ（思いやり）

恐怖の対象である死について、語ることを避け家族の思いやりで病人を包み込み、がんの恐怖から守ろうとする。互いに暗黙に了解し、困ることはないが、中には家族間で疑心暗鬼になり問題が起こるケースがある。

(3)　暗黙の了解（暗黙のコミュニケーション）

日本では、愛について死についてなど、重要なことほど言葉にしないで心に秘めておく傾向がある。緊密な人間関係の中で言葉によらず了解しあえるコミュニケーション能力が発達していたといえる。二十数年前まで日本では患者本人に告知はされなかったが治療の進行にも、大きな問題は起こらなかった。この因子の働きが自然に発揮されていたということである。

(4) 家族への依存（家族への甘え）

農耕型の母性原理が強い社会を形成してきたことによる「自立」より「和」を重んじる集団主義は無意識に態度形成され、現代に続いている。(2)の〈やさしさ〉とともに日本で告知がしにくい最大の因子である。

(5) 死を避ける（直視しない）

死は避けたいことである。しかし、現代の生活の中にも、死は親和性をもっていることも指摘されている。死後は人智を超えた大きなものの中に還るという意識をかなりの人がもっている。

(6) 恥ずかしい・見苦しい振る舞いを見せないという美意識

長い歴史の中で育まれてきた美意識である。告知を受け取り乱すさまを見せたくない、そっとしておいてほしいなどの感情とともに告知を避ける因子になる。

(7) 主体性の希薄さ

この因子は(4)の因子とも相乗し、共同社会を維持してゆくためには主体性はむしろ危険視されるほどのものであった。告知についても、自分に起こっていることを知ることよりも、まわりの人が計らってくれることにまかせる態度になる。

(8) 宗教性の希薄さ

日本において、明確な信仰をもっている人々は一部である。大多数の日本人は漠とした大いなるものの存在は認めてはいるが、日常の生活に中で精神のよりどころとして自分の生死を託すという明確な信仰はない。このため死に対する心構えがないので突然死に立ち向かうと不安や恐怖が大きくなってしまう。がん告知が避けられる因子となる。

（2） 八つのコンセプトについて文献から検証したがん告知とのかかわり

八つのコンセプトについて、調べた文献の中から各項目についてまとめたものと、研究者の主張点、がん告知とのかかわり、について代表的なものの要旨を紹介する。

1　諦め（従容、受け身）

あきらめるは、諦める、でもあり、諦観という仏教用語として大きな意味のある言葉である。さらに、従容という言葉にもつながり、あきらめが土台にあっての受け身の姿勢になりがちとなる。がんという死を思わせる病気をもったとき、人は戦うよりも力が抜けてしまうとか、なるようにしかならないと無気力になってしまうなどの可能性も考えられる。死を迎える段階になると日本人の多くは大いなる諦観に身を任せることが多いといわれる。

近藤裕(5)は、日本人の死のスタイルを、①否認型、②逃避型、③恐怖型、④無感覚型、⑤開放型、⑥犠牲型、⑦諦観型、⑧受容型と分類し、⑦諦観型を日本人に多いタイプであるとした。「運命の力の存在を教える仏教の影響がある。一見死を受容しているように見えるが、積極的受容とは異なり、消極的死の受容である。大きな力に屈するという姿勢があるため、憂うつ感、絶望感が生れる」と述べている。

平山正実(6)は「現代の日本人は一般的に無宗教の人が多いため、心のよりどころを持つことができず、死をあきらめや宿命としてとらえ、積極的に対決する姿勢に乏しいようだ。むしろ死に直面すると萎縮し、恐怖心の方が先に立ってしまうのではないか。比べると欧米人の場合は復活に対する信仰と希望を与えるキリスト教の影響もあってか未来に対し明るい展望を持ちつつ死への旅立ちに出かけるようである」と述べ、人々は死をあきらめや宿命と受けとめており、その理由に宗教的背景の希薄さをあげている。

柏木哲夫(7)は淀川キリスト教病院のホスピス病棟で多くの人の死を看取った体験から「庶民の方が死の受容能力が高いと、私は経験的に感じている。その理由を考えてみると、いわゆる庶民は、多くの挫折体験、喪失体験を積み重ねながら生活してきた人々である。生活の中で〝小さな死〟を体験してきた人々である……(略)……治らない病気であればこれも仕方のないことだと、いい意味で「あきらめる」ことができる。「あきらめる」という言葉は「明らかに見る」からきているように、単に否定的な意味だけではないのである」と述べている。

では、こうした日本人の多くがもっているあきらめの態度はどのように形成されてきたのであろうか。

南博(8)は「現世の幸福を否定する考え方として」、幸福のはかなさを説く一種のニヒリズム、日本的ニヒリズムがある。これは仏教からくる無常観に発して、長く日本人の人生観の底を流れている……(略)……日本人はこのような無常観を述べた文章を中学校から習うのであり、こういう考え方が日本人の人生観を代表するものであると教えられる。」と述べる。

加藤周一(9)は「大衆における諦めの受容の消極性(受身)はエリートでは自己制御による把握の積極性(能動)へ転化された」としているが、相良亨(10)は「私は自己制御による積極的な把握を『覚悟』の問題として捉える」とした。

いずれにしても仏教の無常観が根底をなし、鎌田茂雄(11)「堅固なものは何ひとつ無く、生も死も無相、空である」というとらえ方には受身の受容がふさわしいであろう。この無常観と武士道がひとつとなったとき自ら死を選ぶ覚悟をもつ少数の人々が存在したといえる。

2　やさしさ(思いやり)

臨床場面でがん告知が思うようにできない最大の理由は、家族が告知に反対するからである。可哀想でとても言えない、死の恐怖におびえさせたくない、というやさしさ、うそを言い続けてでも家族で守ってやりたいという思いやりが過去、告知を遠ざけてきた。現在は高齢者や意思の疎通のできない方は別にして、本人へ先に話すことが前提となったので家族に先に話すことがなくなりつつある。突然のがん告知は大きな打撃であり、家族のその気持ちはよくわかる。これは(4)の〈家族への依存（家族への甘え）〉と相互関係にある。しかし、告知をしないことは、治療の選択や、生き方の選択ができない、など本人にとってマイナスがあったことも否めない。本人と家族が嘘をつきあうことでのストレス、大事な話をせずに過ごすジレンマ、など問題もあった。しかし、それらのマイナスを承知で家族が「告知をしない」ことにした、ということは現在もかなりある。

竹内整一[12]はやさしさを、「万葉集の時代から現代に至るまで、倫理的、美的に重要な場面で繰り返し語られてきた、決して他に置き換えられない大切な言葉である」とし、「太宰は『優しさ』は〝人間的なるもの〟の本質、とりわけその尊貴性の証でもあった」としている。太宰治の「優しさ」は彼の存在を賭けた太宰文学の本質となっているが、「やさしさが文化である」という太宰の指摘は大きいものがある。

大平健[13]は、日本人の使う「やさしさ」という言葉が日本語独特の使い方であることがうかがえるとして、在日五年のアメリカ人の女性がやさしさを、英語に訳して母親に伝えようとしても、どの英語も本当のやさしさを伝えることができないと悩む様子と、それにまつわる自己と他者の関係性についての日本人独特の態度のありようについて述べている。

柏木哲夫[14]は、ホスピスでの長年の経験から、今まで日本でがん告知が進まなかった文化的背景について、「思いやり」を指摘している。この点に関してがん看護の現場にいた者として筆者個人も同感する。思いやりはやさしさを基底にして相手の状況を洞察した上で必要と思われる行動をとるという、いわば感情と理性の統合された行動である。このような能力は日本の社会では成熟した社会人のもつべき能力として高く評価されるが、がん告知をとどまらせてきた側面があったといえる。

3　暗黙の了解（暗黙のコミュニケーション）

日本人のコミュニケーションのもち方の特徴のひとつとして、物事を明確に表現せずに表情やしぐさで伝え合う、わかり合うということがある。〝目は口ほどにものを言い〟とか〝腹芸〟など暗黙の了解が大きな意味をもっていることは、グローバルな時代といわれる現代社会でも日本では一般的な常識である。アメリカでは自己主張できない人は〝考えていない人〟、〝退屈な人〟と評価されがちであるというが、日本ではまだ自分のことばかり話す人よりは、〝沈黙は金なり〟の格言のほうが生きている。

筆者が三十数年前にがん看護の臨床の第一線にいた当時、がん告知もまだなされていなかった。しかし、だからといって患者さんたちとがんに関することや、がんになった自分の気持ちや、思い等について話をしていなかったわけではない。直接的ではない表現であるが、病名について、また、今後の成り行き、治療の見通し、まだやるべきことがあることや、残す子供が不憫であることや、したいことはしてきたから悔いはない、苦痛だけが心配だ、痛みだけは何とかしてほしい、など具体的に話し合っていた。患者は自分はがんであろうとは思っていても、あらためて聞けば医師も看護師も困惑するであろうと思いあえて質問しないことは、口に出さなくても双方でわかり合っていた。この〝阿吽《あうん》の呼吸〟は日本独特の〝暗黙の了解〟の上に成立するコミュニケーションなのであったと実感する。

4　家族への依存（家族への甘え）

家族の絆の深さは万国共通に違いない。しかし、個人と家、個人主義と集団主義との比較、個人と家族とのかかわりのありようという点では国や民族によってかなり違いがありそうである。〝暗黙の了解〟の上に成立するコミュニケーションも家族のありようと密接なかかわりがある。

河合隼雄[15]は「母性原理は『包括する』ことを主な機能とし、すべてを包み込んでしまい、すべてのものが絶対的な平等性を持つ。これに対して父性原理は母子の一体性を破ったように、『切断する』機能にその特質を持っている。それはすべてのものを切断し、分割する主体と客体、善と悪、などに分類し、母性がすべての子供を平等にあつかうのに対して、子供をその能力や個性に応じて類別する。……(略)……、ヨーロッパの文化は、父性原理を極度に推し進めた特異な文化であると考えられる。西洋人の子供は強い父性の力によって母親から分離し、はっきりと他と区別された存在としての『個』の自覚を持つ」と述べ、また、「我々日本人は物事を批判的に考えているときは、相当に父性原理に従って考えている。しかし、いざ行動するとなると、知らず知らずのうちに母性原理が働いてくるのである」と、日本においては母性原理が生き方を支える原理となっていると指摘している。

額田勲[16]は、がん医療の現場にある医師であり、「日本人の圧倒的な大多数は自分自身には告知を希望しながらも、家族が罹患した場合には病名を秘匿してもらいたいと望む。嘘、偽りを敢えてしてさえ、死にゆく者の苦痛を家族で分担するのが愛と固く信じて疑わないということだ。この死生観は、欧米との比較の上で日本人独特のものである。近年の日本においては、家族の解体がいわれながらも、これまで歴史的に死を家族一体で受け止めようとしてきた伝統が、いまだ空気のように社会の隅々まで行き渡っていて、精神的な秩序として健在する事を意味するのでなかろうか。……(中略)……個の未確立のために家族一体でしか死を処理できないとされてきた日本人の弱点(集団主義)は、むしろ美徳として評価に値する可能性があるとも考えられる」と述べ、強い家族愛は、長年日本人が作り上げてきた伝統であってむしろ高く評価しうると投げかけている。医療現場で理論だけでは現実の問題が解決できない本音の気持ちが伝わってくる。

この項では家族への依存など家族の関係が濃いことから告知が避けられる点をみてきたが、そのことはまた、個の未確立、母性原理が生き方を支える原理、集団主義等とつながり、関係しあって一つの態度、告知を避ける結果となる。

5　死を避ける（直視しない）

平山正実[17]によると、「古くから我が国では死を汚れたものとし、忌み嫌う傾向が強かった」一方で「死者を自然と一体化する傾向も強く死者は天、山、霞、霧、雲といった自然の中に身を隠していると考えられている。つまり、死者はこの世と隔絶した別の世界に行ってしまうのではなく、我々の身近におり、しかもなお生きていると考えた。よく我々は『先祖が草場の陰から見守ってくれる』といった表現を使うが、それは死者の魂がいつもこの世にあって我々に呼びかけてくれるという思想があるからであろう」と述べ、「日本人の生活様式や思考方法は現在では、表面的には合理化され、欧米人のそれとまったく変わらないように見える。……（中略）……しかし、このような表面的近代化とは裏腹に日本人の精神構造の深層には昔から変わらぬ独特の「原」日本的な考え方が生きていることも確かである。……（略）……このことはある国民の持つ思考方法はその民族の最も深いところに宿る集合無意識によって支配されるというユングの思想にも通じる」とも述べている。

一方、波平恵美子[18]は「『死をタブー視する』というのは何を指すのだろうか。文化人類学の立場から日本人の死の文化を部分的であれ研究してきた者の目には、日本人は死をめぐる文化をよく発展させてきたし、高度工業社会でもあるにもかかわらず、死をめぐる生活習慣は、より伝統的な形で保持されているように見える。……（中略）……日本人において死者は何より忘れてはならない存在なのである」とし、さらに「日本人において、死はタブー視するようなものでは決してなかったし、現在もそうではないことは明らかである」としている。

この点に関しては、三の（1）「日本人の死生観」の八つのコンセプトの(8)の〈宗教生の希薄さ〉について述べることとも関連するが、宗教性が一見希薄そうでありながら、実は広い意味において宗教的ですらあるという意見があるように、死の感じ方、考え方は日本においては独特の混沌性があるように思える。死に対する態度としても長年の仏教文化の影響がごく身近に、生活習慣として無意識に受け継がれて定着しているものは、あらためて見直すと驚くほど多く存在する。ただ、その一見仏教文化のようでありながら、ある部分は神道から、ある部分は儒教の影響というようにわが国の宗教性のありようは、単純ではない。欧米の一神教の明解さとは比較が簡単にできにくいことだけははっきりしている。

宗教性の希薄さで、欧米諸国でも若者、あるいは知識層に宗教離れの傾向はあり、どこの国も同じであろうと、ドイツのホスピスを運営する、関係者が話していた。この点で科学万能の思想が行き渡ると人々の思考の傾向が宗教と次第に遠くなりがちであることは先進諸国ではいずれの国でも同じ傾向があると思われる。

6　恥ずかしい・見苦しい振る舞いを見せないという美意識

日本人が「人前で自己の感情表現を押さえる。言葉で内面の感情や思いを表現しない」という傾向があることは多くの人の指摘しているところである。明治初期にルース・ベネディクトの『菊と刀』でわが国は「恥の文化の国」と紹介されたのであった。筆者も若い頃にこの本を読んだとき、まったく無意識にもっている価値観が日本特有のものとして世界に紹介されていることに大きな驚きを感じたことを覚えている。

公的な場では決して個人の感情をありのままに表現しない、自己抑制し耐えるというのが公と私のけじめであり、そこに美を感じるという意識はどのように形成されてきたのであろうか。

D・キーン[19]は対談の中で「義理人情という言葉は仏教の言葉でもなく神道の言葉でもない。いわば、儒学的な言葉であり、近松の悲劇が義理人情の悲劇だとすれば、その芝居を見た人は何となくそういう倫理的な思想を自分のものとして信じたのではないかと思います」と述べ、儒学的な考え方が庶民の間に浸透していった経過を推し量っている。

A・デーケン[20]は「民族や文化によって、感情を表現するか抑えるかという態度には違いが見られる。私の出身地ドイツでは、公に自分の感情を表さないのが普通とされている。また、イギリスや日本でも、人前で泣くのは見苦しいことだという通念が存在するようである」と述べている。

日本においてはこうした自己抑制を美徳とする意識から、がん告知など受けたら、どんなに取り乱してしまうかわからない、取り乱さずに耐えきれる自信がもてないという気持ち、また、告知を受けてショックに打ちひしがれている姿を他人に見せたくないという思いが、明確ながん告知を避ける因子にもなりうる。

7　主体性の希薄さ

主体性に関しては視点が広く、がん告知に関する論文に、主体性の希薄さ、個の未確立、自立性の弱さ、などの結論としての言葉はあるが、がん告知との直接的な関連を分析したものはほとんどない。生きる態度、価値観として、がん告知とも間接的につながりのあると思われる基本的な文献として紹介する。

荒木博之[21]は、「遊牧の民は苛烈きわまりない自然と、徹底的略奪と全村皆殺しのごとき惨劇の繰り返しであった。たよるものは自己一人といったあくなき自立のこころがまえと、もう一つ共存のための知恵としての契約の精神であった」。それに対して、日本の個のあり方について、「水稲栽培的農耕文化が日本的共同体を形成してきたとして……(略)……一人一人の個はムラ的共同体の一員として密接に結ばれ、その存在のすべてを共同体にコミットする家族主義的ぬくもりと一体感の中、平和にして快適な生活を送ってきたのである。……(略)……西欧の『愛』の哲学に対し、日本において連帯の原理は『和』の哲学であった」と述べている。

山折哲雄[22]は「日本人における『自我意識』の希薄さという要因がいわば時代をつらぬく民族的な特性だったのではないかと考えている。その『感覚』を私は『遊離魂感覚』と呼び、……(中略)……私は近代日本人の『自我』構造といったものを何らかの形で考えようとするとき、論理や心理の世界よりも『感覚』の領野により深く内省の鍬を入れることがいっそう大切なことではないかと考えている」と述べ、日本人の思考が論理的なものによらず、感性の領域の分野と交錯していることで、明快な論理的組立が困難な面のあることを示している。

この主体性の希薄さも、家族の支えや暗黙の了解などの項目とかかわり合って、がん告知を避ける態度をとるときの要素になるものであり、重要なものである。

8　宗教性の希薄さ

日本人の宗教性の希薄さは、一般的に西欧キリスト教社会と比較して、よくいわれることである。しかし、このことについては、その肯定、否定をめぐって論議のあるところである。

波平恵美子[23]はその著書『病と死の文化：現代医療の人類学』に、社会学者である見田宗介の文を引用し、「キリスト教文化が、生者は死者達との激しい断絶への志向を持っているのに対して……日本の宗教は死者と生者を断絶しない。この世に残す死者の「未練」と死者にたいする生者の「未練」と。そこに成立する死者と生者の対話の中に日本の宗教がある。超越神の支配する世界の知らない、人間的な宗教である」と紹介している。

鈴木大拙[24]は「平安文化の中に、『憂し』『寂し』『世を厭う』などというと、もう仏教がそこにあるように考える人もあろうが、平安時代には、とにかく大地から芽生えたものはなかった」と宮廷文化に取り込まれた仏教の軟弱さを託ち、「ある人はこれを宗教的というかもしれぬが、それは本当の宗教――霊性的自覚のなんたるかを知らぬ人の説である」と手厳しく述べ、大地に根ざした日本的霊性は、鎌倉時代に入ってめざめた、としている。そして、「今日といえども我国民の間には、原始性の宗教意識以上に出で能わぬものはいくらでもある。」として、霊性そのもののおののき、人間の魂の奥から出るような叫び、を通して体験的に自覚されたものでなければ宗教といえないという意味のことを述べている。ここまで自覚された宗教意識を問われると、多くの日本人は無宗教であるということになってしまう。

四　アンケート調査の実施

前述の八項目をアンケート調査の選択回答項目に入れ込み、一般の人々がこれらの八つの要素をがん告知と関連したものとして意識しているかどうか調査を行った。

1　調査方法

個人背景シート一枚　半構成的質問調査紙配布（A4　三枚）

2　調査内容

(1)　個人背景　①性別　②年齢　③職業　④家族にがんをもつ人の有無　⑤信仰の有無　⑥生活上の信条

(2)　質問項目　①余命六カ月のがんになったとして病名の告知を受けたいか、余命告知を受けたいか、それぞれの理由　②家族についてはどうか、それぞれの理由　③がん告知率が二〇％台であることと米国との差について④告知が進んでいない理由としての日本人の考え方　⑤告知を受入れてゆくために必要なこと　⑥告知が進むと思うか　⑦あなたの死生観として死とはなにか、の七項目である。

3　調査対象

筆者と協力者としての知人の居住する一般市民、会社員、学生、筆者の元勤務・勤務中の病院職員

配布数一五〇〇部　有効回答数一一五八部

回答者構成　①性別　男性四三二名、女性七二六名

②年代　一〇代五九名、二〇代二七一名、三〇代二一三名、四〇代二一二名、五〇代二五〇名、六〇代一〇九名、七〇代三四名、八〇代一〇名

③非医療者と医療者　一般市民九二二名、医師四三名・看護師一九三名

4　考察の中心とする項目

本稿ではこの調査の中から、中心的なものと考える以下の4点

(1)「あなたががんになったとき病名を告知してほしいですか」。「その理由」

(2)「家族ががんになったとき病名を告知しますか」。「その理由」

(3)「日本でがん告知が進んでいない理由として日本人の生死に対する考え方の特徴はどんなことだと思いますか」。

(4)「あなたの死生観として死とはどんなことですか」。

について取り上げ、人々がどのように考えているかを数値的にとらえた結果から、人々のがん告知に対する態度への考え方、死についての考えについて考察する。

五　アンケートの回答からの人々の認識と考察

（1）自分への告知

「あなたががんになって余命六ヵ月だとします。あなたは病名を告知してほしいですか」「その理由を選択肢から順位をつけ選んでください」として、「告知してほしい」の理由として、回答選択肢に、五項目とその他の項を加え六つの選択肢を作り、自分の思うものに順位をつけて回答してもらった。「告知してほしくない」の理由は七項目とその他の項を加え八項目とした。

1　結　果（図1）

「告知してほしい」の回答は七五・一％、「告知してほしくない」は八・一％、「わからない」が一六・八％であった。

「告知してほしい」「理由」の一位、「自分のしたいように時間を使いたいから」二四・四％、二位「自分の事は自分で考えたいから」二四・二％、三位「やっておかなければならない事があるから」一九・七％、四位「治療の事など自分で選びたいから」一七・五％、五位「周囲にうそをつかれるのがいやだから」一二・四％、六位「その他一・八％、となっている。

「告知してほしくない」「理由」の一位「ショックに耐えられるかわからないから」二四・三％、二位「生きる希望を持ち続けていたいから」二二・四％、三位「うすうすわかるからいってくれなくてよい」一九・五％、四位、五位同数で「自分が知ったことで家族が困るだろうから」、「恐ろしいことは知らないままのほうがよいから」一

図1　あなたががんになり余命6カ月だとします。あなたは病名を告知してほしいですか。

①　男女別結果

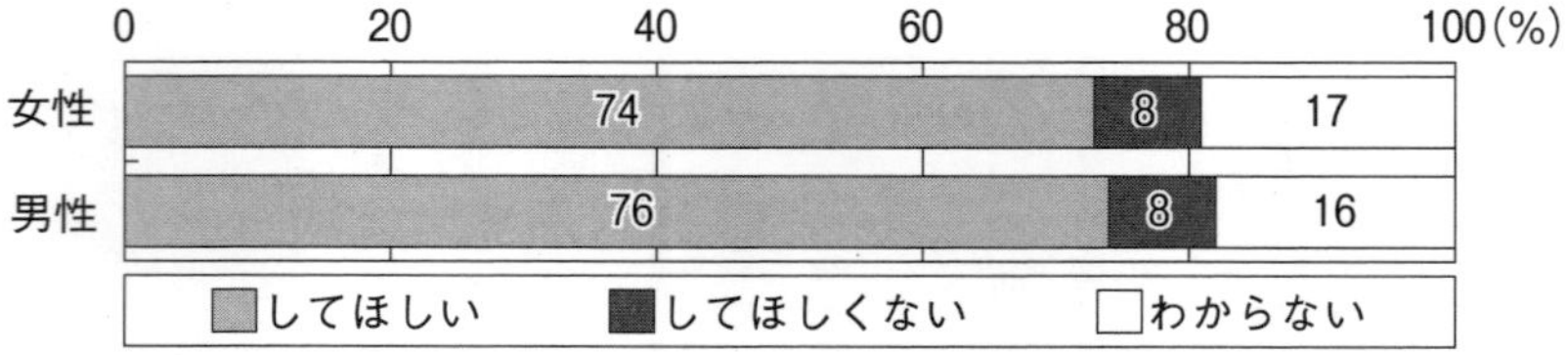

②　職業別結果

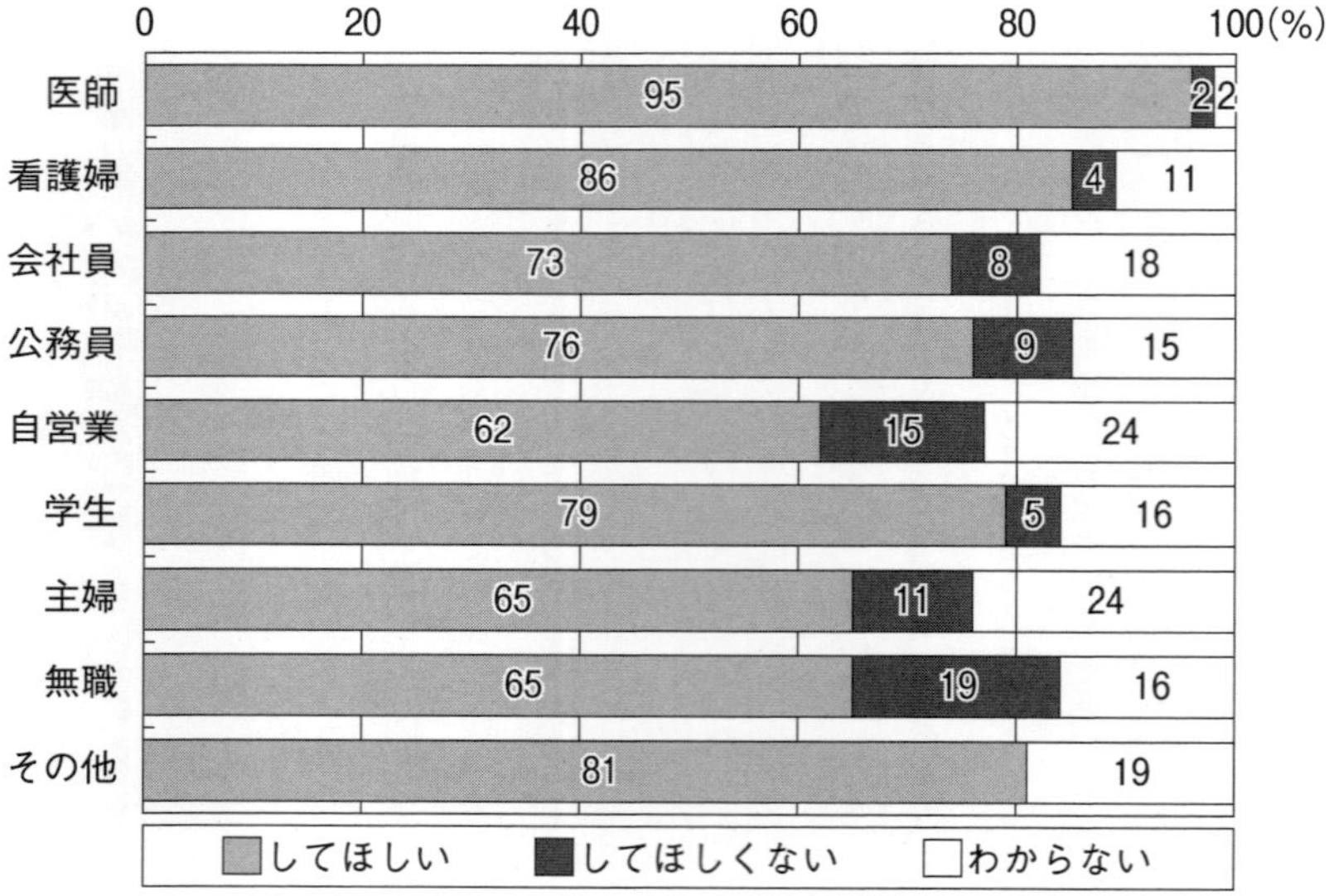

図2　あなたの家族ががんになり余命6カ月だとします。あなたは病名を告知しますか。

①　男女別結果

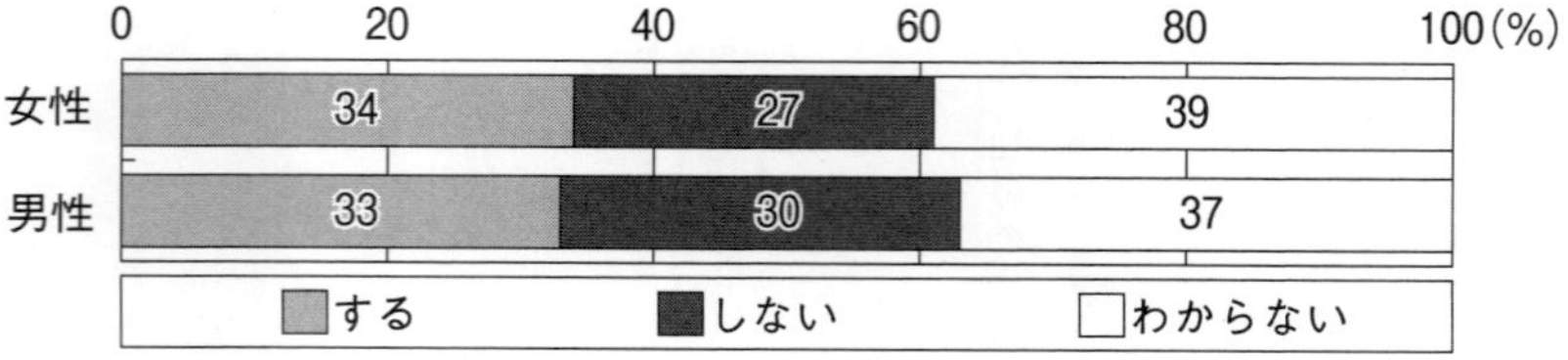

〇・五%、六位「家族が思いやりで言わないでいるのだから」六・七%、七位「知りたくない権利もあるのだから」四・三%、「その他」一・九%であった。

「わからない」の理由は一位「実際になってみないとわからない」七八・四%、二位「どちらにするか迷う」一九・七%、その他は一・九%であった。

(2) 家族への告知

「家族ががんになって余命六ヵ月だとします。あなたは本人に病名を告知しますか」「その理由を選択肢から順位をつけ選んでください」として、八項目とその他の項目を加え九つの選択肢を作り、順位をつけて回答してもらった。

1 結果(図2)

「告知する」が三三・五%、「告知しない」が二八・三%、「わからない」が三八・一%であった。

「告知する」の理由では、一位、「本人のしたいように時間を使ってほしいから」二七・一%、二位「本人が自分の事ははっきり知りたいだろうから」二六・一%、三位「やっておきたい事があるだろうから」一九・〇%、四位「嘘をつかれるのはいやだろうから」一二・五%、五位「治療など自分できめたいだろうから」一一・三%、六位「その他」二・五%、七位「精神力が強く耐えられるだろうから」一・五%となっている。

(3) (1)と(2)の結果についての考察

この調査は二〇〇〇年に行っており、二〇〇七年の現在の告知に関してのデータとは数値が異なっており、人々の意識が年々変化してゆきつつあることは先にも述べた。このような推移を確認するうえでも興味深いデータであろう。しかし、「自分に告知を希望する」七五・一%と「家族に告知する」が三三・五%との差は四一・六%あり、その差の大きさは変わっていない。この点については他の質問と併せて考察する。

(4) 日本でがん告知が進んでいない理由としての日本人の生死に対する考え方の特徴

「日本でがん告知が進んでいない理由としての日本人の生死に対する考え方の特徴はどんなことだと思いますか」と質問し、回答選択肢に八つの概念を示し、その他の項を加え九個の選択肢を作り、自分の思うものに順位をつけて回答してもらった。

1 結 果

全体での結果

一位「死とかいやなことは直視せず避ける傾向がある」が二三・六%であった。二位「日本では生や死など肝腎なことは口に出さない傾向がある」が二〇・七%であった。

三位「日本人には宗教的支えが少ないこと」一一・八%、四位「医師・医療サイドがよく考えてくれるので〝おまかせする〟という考えがある」一〇・七%、五位「自分の力の及ばない自然の摂理に従うしかないというあきらめ」九・六%、六位「以心伝心でお互いにがんであることを了解しつついたわり合っている」が九・四%である。七位「取り乱したりするのは見苦しい、恥ずかしいという意識があるから」六・七%、八位「家族の支えが大きいので告知しなくても安定した気持ちで過ごすことができる」は四・八%であった。「その他」は二・八%であった。

図3は、医師・看護師・一般の人々のそれぞれを一〇〇%としての割合。

図3　日本で告知が進んでいない理由としての日本人の生死に対する考え方の特徴はどんなことだと思いますか。

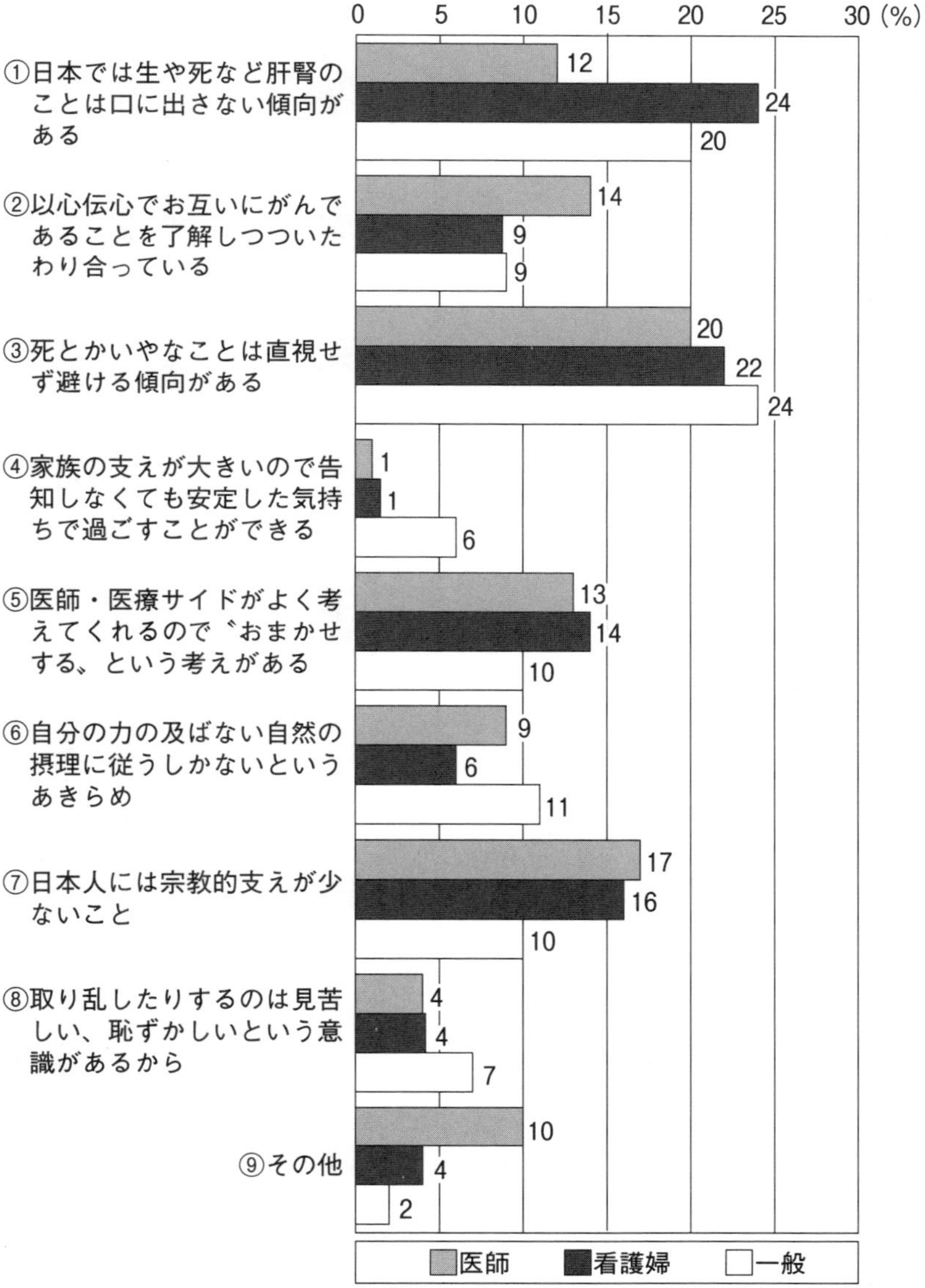

2 考　察

この結果から、日本でがん告知が進まない理由として「死とかいやなことは直視せず避ける傾向」や「死など肝腎なことは口に出さない傾向」をよく自覚していることがわかる。

「死とかいやなことは直視せず避ける傾向」は日本に限らず、人はみな死を避けたいこととして普段の思考や話題からは遠ざけている。その傾向に対して「メメント・モリ」すなわち、「死を忘れるな」という格言がキリスト教の社会では伝えられている。

「日本人には宗教的支えが少ない」ことは西欧などに比較していわれていることである。実際に宗教的支えがどのようにあるか体験的に理解は困難であるが、一神教の神と個人の強固な結びつきなどから、死に際して神の元に還るという確信をもって死ぬことができることへの憧れを感じているのではないだろうか。この点で「死とかいやなことは直視せず避ける傾向」も日本よりは少ないと感じているのではないだろうか。

「医療サイドにまかせる考え」はパターナリズムを脱却すべきであると考えているが、実際の場ではしっかりした対応をしてもらえればそれはそれで了解できるという意味にもとれる。日本で告知をしなかった時代もそれはパターナリズムで医師サイドが決めていたことであり、現在進みつつある告知も提唱したのは医師サイドである。しかし、インフォームド・コンセントの考えが浸透しつつある現在、現にパターナリズム的態度は過去のものとなりつつあるため順位は低い。「自然の摂理に従うしかないというあきらめ」は告知そのものには大きな影響を与えるにはまだ距離のある問いであるといえる。「以心伝心で了解しいたわり合う」は「死など肝心なことは口に出さない傾向」とほぼ同じ選択肢であった。この点を含むとがん告知が進んでいない理由は「死など肝腎なことは口に出さず、以心伝心で了解しいたわり合う」とまとめるとこの選択肢がもっとも多く選択されたはずであった。

「取り乱して恥ずかしい」はがん告知という大きな問題の前ではウェートが小さいこととして受け止められたのであろう。「家族の支え」が少なかったことに関しては、別に理由がありそうである。実際の医療場面でがん告知ができないことは家族の反対がもっとも多いことは前にも述べた。現在健康な人々には切実な場面に遭遇した感情までは追いつかないので「家族の支え」の影響に気づかないのではないのではないか。もう一つの理由として、自分たちがいかに細やかな家族間の絆で支え合っており、その強固な絆が相互の自立性を阻害する恐れまでありうるほど強いものであることを意識していないためではないかと考えられる。この「無意識」であることが日本人の死生観を考えるときに大きな特徴であることを指摘しておきたい。山折哲雄が「日本人における『自我意識』の希薄さという要因がいわば時代をつらぬく民族的な特性だったのではないか」と日本人の思考が論理的なものによらず、感性の領域に深くかかわっていると述べていることに関連しているといえる。

(5)「あなたの死生観として死とはどんなことですか」

七つの項目と、その他の八つの選択肢を用意し、あてはまるものに○をつけてもらった複数回答結果である。①「恐ろしいこと」、②「避けられないことでありあきらめる」、③「大自然に還ること」、④「死ねば何も残らない、無である」、⑤「霊魂は不滅である」、⑥「あの世（天国）で幸せに暮らすこと」、⑦「わからない」、⑧「その他」である。

1　結　果（図4）

この問いについて一位は「避けられないことでありあきらめる」で三三・一%、二位「大自然に還ること」一五・六%、三位「死ねば何も残らない、無である」一四・一%、四位「恐ろしいこと」一一・八%、五位「わから

図4　あなたの死生観として死とはどんなことですか。
（各年代を100%として表示）

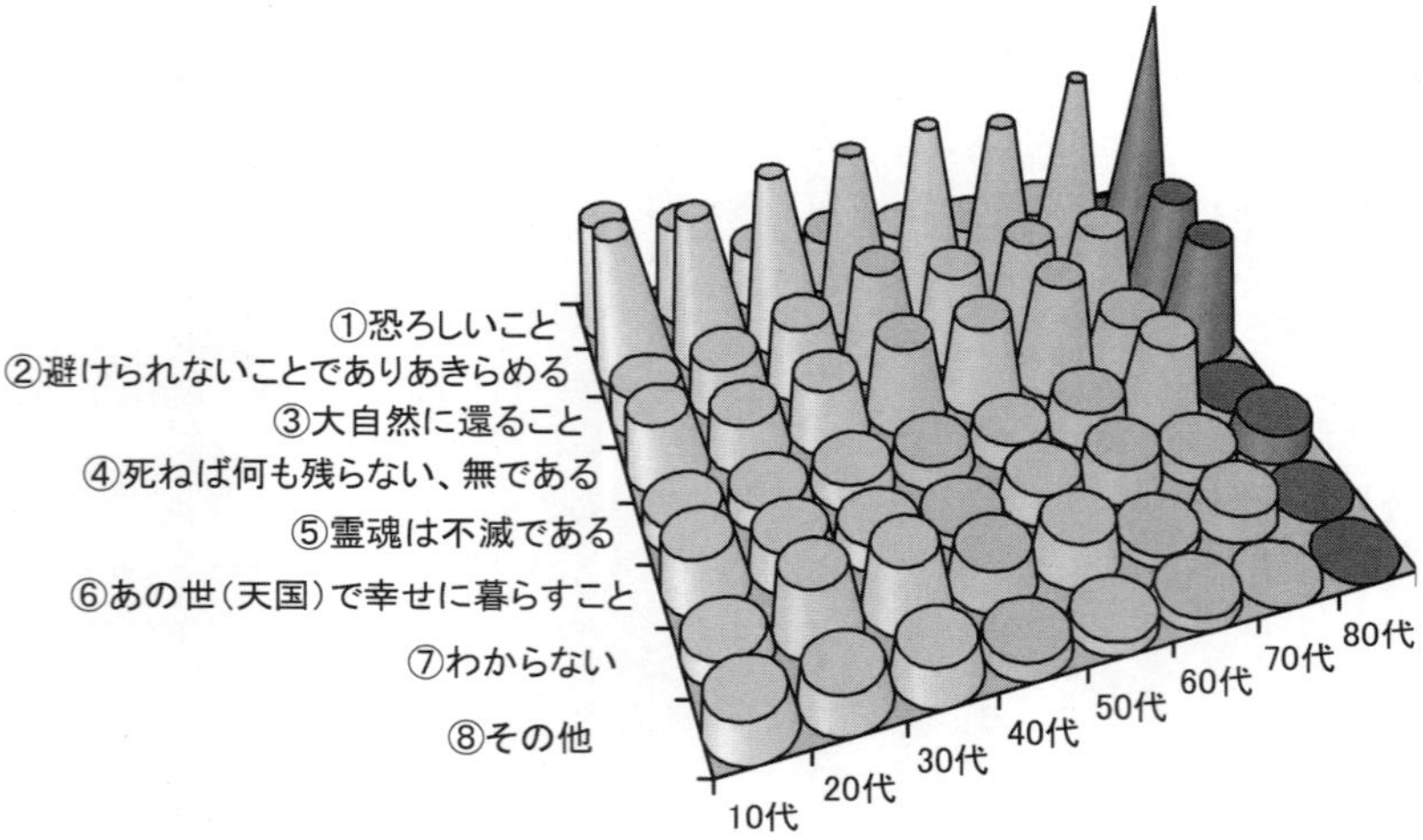

ない」九・四%、六位「あの世（天国）で幸せに暮らすこと」五・八%、七位「霊魂は不滅である」五・二%、「その他」五・〇%であった。

2　考　察

結果から考えてみると、まず、一位の「あきめる」は予想どおりであり、多くの人々にとってこの選択はごく自然に選ばれたものであろう。二位の「大自然に還る」はこの考え方もかなりの人々に受け入れられている考えであるとわかる。この「あきらめ」て死を迎え、「大自然に還る」という考えは多くの日本人に受け入れられる死生観となっているといえる。

三位「死ねば何も残らない、無である」はいわゆるはっきり自覚した信仰をもたない日本人にとっては、死がこうしたものでしかないという考えをもつこともうなずける。複数回答であり、一四%の人々がこうした考えを他の考えと同時に持ち合わせているということであるが、あらためて認識させられた思いがする。このことは小差で四位の「恐ろしいこと」についても同じことが思われる。「わからない」に関しては二〇代、三〇代に他年代より割合がやや高く、人生のもっとも変動と刺激の多い時期であり、生について考えるほうが優先しているとも考えられる。逆に六位「あの世（天国）で幸せに暮らす」七位「霊魂は不滅である」という答えは調査用紙の個人背景で信仰の有無を聞いたが、「信仰をもっている」と回答した人が一〇・四％、であったことから、信仰をもっている人の回答がかなりあるものと推測できる。信仰をもっている人にとっては死後霊魂が天国へ還ることは確信として心の支えになっていることがわかる。「信仰をもっていない」と答えた人は八七・二％であった。

世界的にみると、日本は仏教国ということになっている。死後の儀式は仏式が多く年忌など死者のために丁寧な供養が行われるし、お盆、お彼岸、など生活の中で宗教行事が繰り返され祈りが捧げられているが、それらは生活行事と受け止められているようだ。しかし、そうしたことも含めて日本式に変化してきた仏教は生活の中に浸透し、無意識の伝達を受けて現代人の宗教観として伝えられているとみることができる。人々は仏教の教義としてではないが、永い歴史の中で生に浸透してきた、その本質を理論ではなく感覚的に理解しているといえる。

六　まとめと今後の課題

結論的には八つのコンセプトの中で、がん告知にかかわるものとして人々に意識されているものとして、以心伝心といったミュニケーションのあり方や、いやなことを避ける、という態度を強く意識していた。しかし、「あなたにとって死とは何か」の問いには、そのいやなことも「避けられないことであり、あきらめる」が一番多かった。多くの日本の人々は普段は、がん、がん告知や死などのことを避けたいこととして、暮らしているが、実際にそれらのことが迫ってきたら避けられないこととしてあきらめて受け入れるのであろう。そして、病状が進み体が次第に自分の思うようにならなくなっていくのを、「避けられないことであり、あきらめて受け入れ」、死を迎えるであろう、と考えていることがわかる。仏教用語としての諦観の教議としては理解してはいないし、仏教徒であるとも考えていない。「信仰をもっていない」と答えた人は八七・二％に上っている。しかし、実際に死が迫ってきたら、感覚的に体得している諦観をもち、死と向かい合う。そしてその、「意識的ではない」点が特徴的といえる。その点と、大きな自然の摂理の中で生きる人間が、老いて死んでゆくことは自然な成り行きであると死を受け止めている。また、死が、大自然に還る、とか人智を超えた大きな存在の元へ還る、といった帰属意識もかなりの人がもっている。日本人の精神の根底に歴史的に流れる集合無意識(25)によって、これらの死に対する態度が受け継がれている、といえよう。

過去告知がされなかった時期には、人々は「暗黙の了解」と「あきらめ」をもって、死の影をもつがんという病気を受け止めたのであり、家族から多くの力をごく自然に受けて、告知がなくてもがんと闘病することができたのである。このことは日本における告知の推進は医師主導で広がってきたが、告知を受けたら受けたなりに対応していくことができる力となる死生観をもっていると考えることができる。その意味では告知があろうとなかろうと自分の状況を受け止めうる死生観をもっているといえる。ただ、明確にそのことを意識できる自覚的なものではないことが特徴的なことであるといえる。

自分には八割以上の人が告知を望むのに、家族への告知では四割以下にとどまるという結果がある。この点に関して考察すると、自分ががんになったらば、日本人のもつ一般的な死生観から、状況を受け止めていける。しかし、家族の場合、他者もそのように考えるという明確な意識化や、言語化された死生観ではないので、家族を大事に考える、あるいはかわいそうという感情が優先し、家族でどうにかしてがんの恐怖を取り除いてやりたいと悩むという構図が四割以下という数値として現れるように考えられる。

日本人の多くは明確で自覚的な宗教意識はないが、大いなる存在への帰属意識はもっており、死を人間の力でどうにもならない、避けられないこととして受け止めるという、諦観をもっている。しかも通常そのことをほとんど意識していないという特徴のある死生観をもっているといえる。しかし、この意識を受け継いできた死生観はアニミズムに始まり、神道、仏教、儒教などの混合した日本独特の死生観として今日の日本人にも感覚的に確実に受け継がれてきた死生観であるといえる。

しかし、これからの時代に向けて、人々が自分自身の人生を大切に生きる、とくに人生の最後の期間、時間をどう過ごすかを選ぶために、予後の告知も必要な時代になる。死の時間が法的にも二種類存在する時代になり、自分の最後の時について前もって自分の意志が求められる時代になっている。また、医療が進歩した結果として、臨床現場での死が自然ではなくなってきているため、意志表示をしておかないと人為的に生かされるなどの現象が起こってきているからである。オランダでは、長い歴史的過程から世界でもっとも自由・自立の精神の強い国となり、二〇〇一年、生命の自決権ともいえる世界初の安楽死法案が成立した。「おじいちゃんが安楽死をするから早引けするの」と小学生が話すとのことである(26)。日本の現状とはちょうど対極にあるように思われるが、それぞれの歴史的社会的背景が異なり、その理由が存在する。同じヨーロッパでも北ヨーロッパと南ヨーロッパでは告知の事情はまったく反対である。フランスでも今、医療者の一部と患者団体が告知を求めて活動しており、次第に告知が増加しつつある。

日本における告知の問題は二十数年で大きく変化してきた。その主導者は医療側、もっぱら医師主導である。しかし、これからは各個人が自覚的に主体性をもって、自分の自身に起こった事柄について事実をありのままに受け入れ、自分自身でその後のことを決めていくことが求められる。そのために各個人が自分自身でとらえた死生観（生死観）を明確にもつことが医療の場において求められる時代になったのだといえる。このことは単に病気や死の時の問題だけではなく、如何に生きるかを日ごろの生活態度として考えながら生きてゆく必要を求められていることでもある。最近の子供の自殺率の高さ、親を殺す、いじめ、引きこもり、ニートなど、のニュースを聞くたびに、生きることを丁寧に考えることがなおざりにされているように感じる。

こうした現代の医療事情、社会事情を考えても、死生学教育が義務教育の中で意図的・系統的に行われることは重要であり、急務であると考える。

注

（1）毎日新聞　二〇〇五年一〇月一九日。

（2）森岡恭彦編著『インフォームド・コンセントガイダンス——がん治療編——』先端医学社、一九九九年、二四-三二頁。

（3）Novack, D. H. et al., "Changes in physicians' attitude toward telling the cancer patient", JAMA, 241 (1979), p. 897.

（4）安達富美子「日本人の死生観——がん告知からの視点」第7回日本臨床死生学会誌演題4。

（5）近藤裕『「自分の死」入門』春秋社、一九八二年、五一頁。

（6）平山正実「日本人の死生観について」日本自殺予防研究会・いのちの電話編『自殺予防と死生観』星和書店、一九七九年、一八三-一九五頁。

（7）柏木哲夫「愛する人の死を看取るとき——ホスピスケア20年の記録」PHP研究所、一九九五年、二二〇-二二一頁。

（8）南博『日本人の心理』岩波新書、一九五三年、四九頁。

（9）加藤周一、M・ライシュ、R・J・リフトン著、矢島翠訳『日本人の死生観』岩波書店、一九七七年、三〇頁。

（10）相良亨『死生観・国学——本居宣長とその周辺——』ぺりかん社、一九九四年、六九頁、相良亨著作集4。

（11）鎌田茂雄『仏陀の観たもの』講談社、一九七七年、二六頁、講談社学術文庫174。

（12）竹内整一『日本人は「やさしい」のか——日本精神史入門』筑摩書房、一九九七年、八頁、ちくま新書116。

（13）大平健『やさしさの精神病理』岩波書店、一九九五年、一五一頁、岩波新書409。

（14）柏木哲夫『死を学ぶ——最期の日々を輝いて』有斐閣、一九九五年、四三頁。

（15）河合隼雄『家族関係を考える』講談社、一九八〇年、三三頁、講談社現代新書590。

（16）額田勲『終末期医療はいま——豊かな社会の生と死』筑摩書房、一九九五年、三四-三四頁、ちくま新書031。

（17）平山正実「生と死を考える」、曾野綾子、A・デーケン編『生と死を考える』春秋社、一九八四年、一七九-一八二頁。

（18）波平恵美子『病と死の文化——現代医療の人類学』朝日新聞社、一九八九年、六頁、朝日選書414。

（19）司馬遼太郎、D・キーン『日本人と日本文化』中央公論社、一九七二年、九四-九五頁、中公新書285。

（20）A・デーケン「悲嘆のプロセス——苦しみを通しての人格成長」、曽野綾子、A・デーケン編『生と死を考える』春秋社、一九八四年、六〇-六二頁。

（21）荒木博之『やまとことばの人類学——日本語から日本人を考える』朝日新聞社、一九八三年、一六、五八、六〇-六六頁、朝日選書293。

（22）山折哲雄『日本人の心情——その根底を探る』日本放送出版協会、一九八二年、一六一-一六二頁、NHKブックス424。

(23) 波平恵美子、前掲書、三三頁。
(24) 鈴木大拙『日本的霊性』岩波書店、一九七二年、五〇頁、岩波文庫４７２。
(25) Ｃ・Ｇ・ユング、野田倬訳『自我と無意識の関係』人文書院、二〇〇二年、二六－二七頁。
(26) 三井美奈『安楽死のできる国』新潮社、二〇〇三年、二三頁、新潮新書０２５。

在宅緩和ケアシステムにかかわる官民連携協力体制の構築
――市民グループの立場から――

海野志ん子

一　序に代えて

高校三年のとき病に倒れた。病気の診断がつかず死に瀕した。幸いなことに、ある医師によって命が救われる。八カ月入院した。その間、前橋にいた友人がはるばる大学入試の勉強の合間を縫って何度も見舞いに訪れてきた。その友人が、私の退院後間もなく急死する。また、病気を治してくださった医師もしばらくしてこの世を去る。入院中、週三日決まって姿を見せていた祖父も亡くなる。若いときから、いのちのご恩をくださった人たちが亡くなり、ご恩を受けた自分が生き残る「死の不条理」に悩んできた。

その後さらに、父の死に遭遇する。父は旧軍人であった。一九八〇年、戦友会の集まりで上京したときクモ膜下出血で倒れ、ある大学病院で亡くなった。父は確かな死生観をもち、生前の再三の言葉は「延命治療をしないこと。家族に見守られて死にたい」であった。その死は延命のために管につながれ、死の間際には家族は病室から出されてしまっていた。

父の意思を裏切ったという思いに苛まれ、自分を責める日々が続いた。そのとき知ったのが、アルフォンス・デーケン氏の「悲嘆のプロセス」と「東京・生と死を考える会」の死別体験者の分かち合いである。これらによって、「生と死」へのかかわりが生まれた。

いくつかのいきさつがあり、一九九四年四月、市民グループ「生と死を考える福島の会」(以下、「会」とも表現する)の設立に参加した。二年半後、初代会長との死別があり、跡を継いで会長に就任する。「生と死を考える福島の会」という市民グループの設立と活動にかかわることによって、思いもかけず「在宅緩和ケアにかかわる官民連携協力体制の構築」の課題に引き込まれていく。

ご恩を受けた人たちの死に導かれ、折々に運命的な人との出会いがあり、今がある。

二　在宅緩和ケアシステム構築の課題

(1)　福島県における緩和ケアの流れ

いずこも同じであろうが、一九七〇年代ころまでは、福島県においても自宅で死を迎える人がまだ大多数であった。一九七〇年代後半ころから医療の対象となる病気が感染症から生活習慣病やがんに移行する。また、「死は医療の敗北」という思想が普遍化し、病院で最後まで治す努力をする、もし治らなくても命を延ばそうとする医療が一般的になっていった。そして、がんに罹患する人たちの増加とともに大病院指向と病院死を当然とする時代が訪れる。

そのころのがんの治療法は手術万能主義の傾向にあり、手術をすれば治る、あるいは手術をして悪いところを取れば快方に向かうと信じられていた。しかしながら、思慮深い医療者たちは、がんの治療にいくら努力をしてもがんによる死亡者を減らすことができない現実に気づく。しかも、取り組んでいるがんの治療ががんで亡くなる人のためにならないことに心を痛めてもいた。がんによる終末期特有の痛みの除去ができないことや、情報開示がなされないまま苦痛のうちに死を迎える悲惨さに苦悩する少数の医師たちが緩和医療に目覚める。

その最初の試みががんの症状緩和治療、つまり痛みの除去であった。緩和ケアに目覚めた医師たちは「痛まないように痛み止めを使う」というごく当たり前のことを始めたのである。痛みが取れれば、住み慣れた「わが家」で最期のときを迎えることが可能になる。

これらの医療の動向に合わせるかのように福島県では一九八〇年代の半ばころから、緩和ケアに取り組み始めた一般病院、あるいは開業の医師たちがほとんど同時期に異なる何箇所かに出現する。

一九九〇年には郡山市に福島県内唯一の施設ホスピスが設置される。さらに忘れてならないのは宮城県名取市にある岡部医院の影響である。県北地方の数人の医師がここで研究と修養を積み、その後地域の在宅緩和ケアの推進力となる。また、全国的には在宅ホスピス協会や日本ホスピス・在宅ケア研究会が組織され、福島県にもここに参加し触発されて在宅緩和ケアにかかわり始める医療関係者が現れる。

（2）　在宅緩和ケアのシステム化したネットワーク構築の必要性

緩和ケアは、当初一部の限られた志のある医師や看護師が始めるが、緩和ケアがもつ特性上、次第にチーム医療にならざるをえなくなる。患者と家族が中心にあり、医師、看護師、薬剤師、栄養士、社会福祉士（ソーシャルワーカー）、理学療法士、ケアマネジャー、そして介護福祉士までもが参加したチームを形成して、それぞれの専門性を発揮するのが理想である。

症状をコントロールすることを目指す緩和ケアでは、患者および家族の悩みを軽減しそれまでの生活の質（ＱＯＬ）を維持しようとするためには、患者および家族と医療チームとがなるべく数多くの接触の機会をもち、かつ日常生活を支援する取り組みが欠かせない。それには、医師以外の医療従事者（コメディカル）の専門知識や技術、そしてコミュニケーション能力を生かすことが重要である。

岡部医院では、地域で支える在宅緩和ケアを構想している。在宅（自宅、ケアハウス、老人ホームなど）に対して、在宅療養支援拠点（在宅療養支援診療所）がまず直接対応し、訪問看護ステーション、訪問介護事業所、居宅介護支援事務所、デイケアセンターが患者・家族の状態に応じて組織的にかかわるシステムを構成している。在宅療養支援拠点には当然後方支援病院、薬局などが必要に応じて直ちにかかわることができるようになっている。

岡部医院のもつ在宅緩和ケアのシステムは、創設者が時間をかけてこつこつと構築してきたシステムであるが、新たに地域に在宅緩和ケアを推進するには、行政当局の積極的な「舵取り」を促し、保健、医療、介護、福祉と患者および家族との橋渡しをする責任ある組織体が必要である。すなわち、個々の医院や病院、訪問看護ステーション、訪問介護事業所、居宅介護支援事務所、デイケアセンターなどがそれぞれ独自に在宅緩和ケアに取り組むのではなく、患者および家族の必要に応じた組み合わせが円滑に形成できるシステム化したネットワークの構築が求められるのである。

(3) 在宅緩和ケアにかかわる官民連携協力のこれから

二〇〇三年、福島県は「福島県地域がん医療検討会」を設置し、地域におけるがん医療の水準を確保し、さらには終末期医療のあり方についての検討を加える事業を企画した。この事業は二〇〇六年から「福島県在宅緩和ケア推進事業」として、県内各地域に在宅緩和ケアのシステム化したネットワークを構築することを目的として活動を開始する。これによって、この時期から在宅緩和ケアのシステム構成に官民連携協力の体制が機能し始めたと判断してよいと思われる。なお、官とは福島県および県内市町村を示し、民とは官以外の個人または団体を意味する。

二十一世紀に入ってから、「生と死を考える福島の会」の活動過程で福島県のいくつかの審議会や検討会に参加することになり、公的な場での発言の機会を得ることになる。そしてその発言が具体的な行政当局の施策として実現されるように図られるにいたる。

今後、標準的ながん治療の共有化、終末期患者の評価基準、症状コントロールのガイドライン、ネットワーク構築のための基本的ルール(申し合わせ)、そして在宅緩和ケアにかかわる専門職種の人たちを増やすことなどが、官民連携協力して解決すべき課題になる。さらに、官との連携協力の体制を県単位から各市町村単位に広げることが次の具体的な目標である。

同時に、緩和ケア、とくに在宅緩和ケアに対する一般市民の意識が進展し、死にゆくとき望むような在宅緩和ケアが受けられることが身近な目標になる。設立した「特定非営利活動法人福島県緩和ケア支援ネットワーク」が地域の中核となって在宅緩和ケアを推進する母体とならなければならないと考えている。

三　市民グループの設立と活動

(1)　市民グループ「生と死を考える福島の会」設立の経緯と理念

市民グループである「生と死を考える福島の会」は、福島市において桜の聖母短期大学生涯学習センター公開講座「今を生きる――生と死を見つめる」の受講生たちと、私を含め「東京・生と死を考える会」で学んでいた人たちとを仲介する方がいて設立の運びにいたったものである。会員七三名の発足であった。会長に当時桜の聖母短期大学生涯学習センター長であった南一守氏を選任し、私が副会長兼事務局担当に任ぜられた。

会設立の理念は「だれもが生と死について考え、学び、行動できる場となること、死を考えることを通して生きる意義を考え、真に心の輪をつなぎ合うことができる仲間を福島の地域につくる」である。この会はこの理念を貫き通してきたことが誇りである。理念の貫徹があったから、この地域において真剣に活動する市民グループとしての認知が定着し、信頼が強まったと信じている。

この十三年余の「生と死を考える福島の会」の活動はおおよそ三段階を経て発展してきたといえる。第一段階は一九九四年の会創設から一九九七年までの「草創期」、第二段階は一九九八年から二〇〇三年までの「充実期」、第三段階は二〇〇四年から現在までの「新たな発展期」である。

（2） 会のプロローグ、草創期の活動

1 一九九四年度、総会記念講演、定例会、特別講演会等の始まり

会の活動の柱を死への準備教育、ホスピス（終末期医療）の学び、遺族ケアの三点とし、これに関連する講演会、定例会をもつことにした。また、とくに会員研修として「積極的傾聴」の学習を取り上げることにした。さらに、時に応じて特別講演会やシンポジウムを設定することにした。設立時には、総会記念講演会を開くことにし、第一回目は桜の聖母短期大学理事長秋山恵氏にお願いした。以後これを一般市民にも無料で公開している。

この年、桜の聖母短期大学と共催で、アルフォンス・デーケン氏の「世界のホスピスに学ぶ」と題する特別講演会を開催することができた。これへの参加者は一二〇〇名、定例会の参加者は延べ六〇〇名を超えた。「生と死」に関する一般市民の関心の高さを示していた。

なお、記録を大切にすることにし、年二回「会報」を発行することにした。

2 一九九五年度、会則の明確化、柳田邦男氏の助言、遺族ケアの開始

設立二年目、「会則」をより明確化し、市民グループとしての責任を負えるように整えた。

この年、ノンフィクション作家柳田邦男氏に個人的にお会いする機会を得た。柳田邦男先生から「会設立の理念や目的をつねに忘れないこと。地道に活動すること。特にこれからは死別体験者同士の支え合いが大切になるので、福島でもそのような自助グループができれば意義深い」の助言をいただいた。以後、この助言は会の理念の堅持とともに、会運営の大切な教訓として生かしていくことになる。

遺族ケアの試みとして、「死別体験者の分かち合いの会」を始めた。この年の延べ参加者は二九名であった。参加者が何の気兼ねもなく悲しみを分かち合うことができるようにするために、スタッフの研修をとくに重視した。

以後開催の回数を増やして現在にいたっている。

3　一九九六年度、会長への就任

この年の七月、本会会長南一守氏ががんのため逝去された。とても悲しい出来事であったが、跡を継いで会長に就任した。会設立二年半後の出来事であった。

印象的であったのは、地域の中核病院であり古い歴史をもつ綜合病院に、「癒しの心を学ぶ会」という勉強会が発足したことである。本会会員である医師と看護師が中心になり、医療者の立場から「生と死」を考え、患者の心情をより的確に理解するために「癒しの心」を学ぶのが設立の理由という。それからしばらくして、この地域に医師を中心とする医療従事者の「福島緩和ケア懇話会」という組織が立ち上がり、定期的な学習会が開始される。本会に参加した医師と看護師が緩和ケアに関する自らの学習会をもつことにしたのである。

4　一九九七年度、最初のホスピスケアを学ぶ特別講演会とシンポジウム

近代ホスピスの創始者であるシシリー・ソーンダース女史の「ホスピスケアの理念と実践——架け橋としてのホスピス」と題する講演会に参加した。女史は「ホスピスとは単なる建物のことではなく、在宅ケアを含めてここの内外で働くチームである。ホスピスでは積極的に人間の尊厳を保ち最後までその人らしく生き抜くことができるようにするために第一に苦痛を除去する、第二に人は死を目前にして強い孤独感と不安をもつので孤独にしないで死ぬまで生きることにかかわること。耳を傾けるとは、その人を進んで理解しようとする心構えを表現することである」と述べた。この言葉をいつも心の中に持ち続けることにした。

この年、聖ヨハネ会桜町病院の山崎章郎氏を講師として「尊厳ある生と死を考える——ホスピスの現場から」と題する特別講演会と同氏をコメンテーターとするシンポジウムの開催にこぎつけることができた。実際のホスピス

でどのような医療、あるいはかかわりがなされているのか、満席の一般市民がはじめて知る講演内容で衝撃的でもあった。シンポジストには本会会員である地元の三人の医師を選んだ。

一年を振り返り、理念の学びを行動化する研修の必要性を感じた。終末期介護ボランティア養成講座の開催を考えた。次の段階に発展すべきことを自覚した。

(3) 会の充実期、市民グループの積極的活動

1 一九九八年度、「終末期介護ボランティア研修講座」の開催

約一年の構想と交渉を経て、「終末期介護ボランティア研修講座」を開催することができた。終末期とはがんなどで緩和ケアを必要としている人たちを指し、介護ボランティアとしたのは、がんの看病に限らず、介護が身近に存在する高齢社会に生活する一般市民に、この講座の意味を身近に感じてもらいたいと願ったのが理由である。

講座の主題を「尊厳ある生と死を実現するために」とした。これは医療従事者にとっても一般市民にとっても、「生と死」を考える際には、何よりも人間としての尊厳を大切にすることを意識しなければならないことを理解してほしかったからである。プログラムは次のとおりであった。

市民公開講座「終末期介護ボランティア研修講座」プログラム

①上智大学教授、東京・生と死を考える会会長アルフォンス・デーケン氏「ホスピスの理念について」、「死と死にゆくこと」、②上智大学教授井上英治氏「日本人の死生観」、③東洋英和女学院大学大学院教授平山正実氏「遺族に対する心のケア」、④財団法人大原綜合病院外科部長関川浩司氏「一般病院におけるターミナルケ

アの取り組み」、医療法人社団鈴木医院院長鈴木信行氏「地域における在宅ホスピスの取り組み」、⑤福島県立医科大学放射線科助教授森谷浩史氏「ターミナルケアにおける疼痛緩和」、⑥財団法人慈山会医学研究所付属坪井病院院長左近司光明氏「ホスピスにおける死の看取りと医師の役割」、⑦神奈川県立がんセンター婦長大関ミヨ子氏「ターミナルケアにおける看護婦の役割」、⑧財団法人国民保健会主任研究員・臨床心理士海野和夫氏「傾聴とコミュニケーション」、⑨社会福祉法人賛育会病院院長川越厚氏「在宅におけるホスピスケアの実際」、⑩社会福祉法人聖ヨハネ会桜町病院ホスピスコーディネーター長谷方人氏、同ホスピスボランティアコーディネーター小林恵美子氏「日本のホスピスの現状とボランティア活動」、⑪桜の聖母短期大学学長柴田香代子氏「ボランティアの心得と役割」

この講座は地方でも大都市と同じレベルで「生と死」を学ぶことができることを証明した。終末期医療に関心をもつ医師や看護師を発掘してきたおかげで、講師を東京と地元福島県、それぞれ半分半分に依頼できたのは収穫であった。僭越な言葉ではあるが、人材育成の成果を意識できたのである。

医療において実際に主導権を握るのは医師や看護師であるかもしれないが、医療を必要な方向へと変化に導くのは「真実を知る権利」を有する市民一人一人の意思である。この講座に終末期の家族をもつ方々が訪れ、ここで得た知識をもとに主治医に症状コントロールや告知を要求したという報告を聞いた。少しずつではあるが、地域に確実に変化の兆しが現れている。

それから、アイルランドとイギリスのホスピスを訪問する機会を得た。緩和ケアの運営には地域のボランティアを欠かすことができず、ボランティアがホスピスの運営に関与していること、ボランティアの多くが自分の終末期に入所している実態、ボランティアに対する研修の状況、チーム医療における役割の明確化、緩和ケアの主役は看護師であることなどを学んだ。

2　一九九九年度、終末期介護ボランティア研修講座「講義録」の刊行

前年度の講座の受講者からの要望が強く、「講義録」を刊行する運びとなった。「一家に一冊」の呼びかけの声が出るほど内容が充実した冊子となった。

「講義録」が朝日新聞福島支局の記者の配慮で全国版に紹介された。その日から数日、朝日新聞本社の電話が鳴り響き、応対に大変な苦労があったという。全国各地に緩和ケアを求める人たちが数多くいることを実感した。

3　二〇〇〇年度、より深く本質を学ぶ「生と死」、県主催海外研修への参加

会の運営が軌道に乗ったらいずれ、ノンフィクション作家柳田邦男氏を福島に招きたいと願っていた。また、この地域で各論に入りつつある「生と死」の課題を理論的に整理すべき時期に来ていると感じてもいた。その役割は柳田邦男氏が最適任と考えた。

演題を「豊かな生と死」とする講演会は、台風の来襲、雨と風の中であっても二〇〇〇人の会場が満員になった。講演に続き、地域で緩和ケアに携わっている医師や病院経営者をシンポジストに、柳田邦男氏をコメンテーターにしてシンポジウムも開催した。参加者一人一人に、地域における緩和ケアの存在、死ぬのは家で、医療の選択を自ら行う、告知やセカンドオピニオンへの関心を強めるなど、これまで本会が相当の年月をかけて訴え、啓発してきたことがこの日一日で普遍化するような働きを見せた。

ところで、福島県においては、福島県青少年海外派遣事業「男女共同参画研修コース――女性リーダーコース」という事業を企画し、一般公募で参加者を募集している。これに応募することにし、応募の理由を「生と死を考え

る福島の会において、さまざまな死の実態を知り、終末期医療の改善の必要性を感じている。それは、同じ目標に向かって市民と医療者とが連携し合って進むことで実現するのではないか。そのときの市民の参加形態はボランティアであろう。ボランティア活動の先進国であるアメリカ合衆国を訪れ、つぶさに精神性の高いボランティアの実態を見学したい」と書いた。アメリカを訪問する二人のうちの一人に選ばれ、全国的組織「国際女性教育振興会」のメンバーとともに総員一三名で、九日間のアメリカ訪問を行ってきた。他に、ニュージーランドのホスピス見学の機会にも恵まれた。

4　二〇〇一年度、積極的な人材育成

理念を大切にして学び、しかも地域に緩和ケアを普及するために、ボランティアを育てる必要性を感じていた。それで実践に移したのが「傾聴ボランティア研修講座」である。ボランティアについての学びを第一義にして、ボランティアに必要な「積極的傾聴（active listening）」の心構えとスキルの習得もねらいとした。二年間継続して開講した。理念の行動化を図り、地域に貢献できる人材を育成する試みを始めることにしたのである。次にあげるのは二年目の講座の内容である。

特別研修講座「傾聴ボランティア研修講座」

①支えあう会「α」代表土橋律子氏「支え合って生きる」、「看護師ががんになって」、②財団法人国民保健会主任研究員・臨床心理士海野和夫氏「ボランティアのための積極的傾聴1、2」、③光が丘スペルマン病院ホスピス病棟看護婦牛坂朋美氏「ホスピスにおけるボランティアの役割」、「ホスピスにおけるボランティア活動の実際」、④ホスピスボランティア（元日本航空勤務）錦織葆氏「ホスピスボランティアの体験から」、「航

空機事故における悲嘆について」、⑤森のイスキア主宰（映画「地球交響曲第2番」出演）佐藤初女氏「真の奉仕とは」、「心と心が出会うとき」

思いがけないことが起きる。日本ホスピス・在宅ケア研究会の福島県在住の理事から「全国大会を福島県で開催することになった。協力してほしい」との依頼があった。しばらくして準備委員会が結成された。大会長にとの要望があった。

5　二〇〇二年度、「福島県『人間・人格・人権の尊重』推進懇話会」への参加

この年度の開始とともに、福島県知事より「福島県人間・人格・人権の尊重推進懇話会委員」に委嘱された。福島県新長期総合計画「うつくしま21」の県づくりの理念である「一人一人が大切にされ、いきいきと生活できる社会」の形成を目指し、福島県が取り組むべき「人間・人格・人権の尊重」の理念・基本方針、具体的な推進方策を検討するにあたり、広く県民の意見を求めるというのである。

懇話会には県知事も出席し、それぞれがそれぞれの立場で意見を述べる。一市民の立場で、死にゆく人の尊厳と人権、緩和ケア・緩和医療の推進、在宅ホスピスケアの整備、地域におけるサポートシステムの構築、医療関係者・一般市民・行政当局のネットワーク化、そして死への準備教育の「必要性」について陳述した。とくにがんで亡くなる人が、生活の質（QOL）が守られず痛みの除去をはじめとする症状のコントロールも十分になされていない実態、患者および家族の意思に反する無為な延命治療の実際を紹介した。また、死にゆく人の人間としての尊厳こそ大切にされるべきで、共に生きる社会やいのちが大切にされる社会を形成するには行政当局の主体的な活動が求められる、行政の担当者にもいずれ必ず死が訪れる、死にゆく人の人権をわがこととしてとらえてくださるよ

うにとのお願いもした。

官である行政当局に対して一主婦一市民の素朴な意見を述べる機会を得たことは緩和ケア、とくに在宅緩和ケアがどんなことであるのか、在宅緩和ケアが普及することで医療経済がどう変化するのか、看取りの相違による遺族の悲嘆のありようなどについて、行政当局の理解を深める機会になったことと思われる。

この年同時に、「第十二回日本ホスピス・在宅ケア研究会全国大会 in 福島（日本ホスピス・在宅ケア研究会福島大会）」の実行委員会が組織され、諸準備を開始した。大会長を務めることになった。大会には、会から役員および会員が多数実行委員や係員として参加し大切な役割を果たすことになる。会の発展充実をはっきりと感じることができる年月の経過であった。

会の運営に責任をもち、専門職種の方々と出会って、「生と死」に関する理論をより深く学ぶ必要を感じていた。平山正実教授からのお勧めもあり、東洋英和女学院大学大学院に入学した。この年から二年間、東京で死生学を学ぶことになる。

6　二〇〇三年度、会設立十年、福島県地域がん医療検討会委員の委嘱、新たな発展へ

会設立十年目を迎えた。これまで終末期医療の不備の現実をいささか残念に思っていたが、講演会や定例会、シンポジウムなどを繰り返すことによって次第に緩和ケア、とくに在宅緩和ケア普及の兆しを感じることができるようになってきた。

それはたまたま社会の動向と合致したことでもあったろうが、地域の医療の中で、終末期医療に限らず、インフォームド・コンセントが当然のようになってきたし、緩和ケアについての理解が深まり、地域で在宅緩和ケアを望む人たちが増えつつあることで感じることであった。しかも、宮城県の岡部医院のように意図的に「在宅ホスピス

ケアの地域普及モデル」になろうと努力している施設もあり、この地域からそこへ出向いて研修し、地域に還元する医師たちが現れてきている。その医師たちが会に参集してきているのである。

「設立十年記念シンポジウム」を開催した。テーマを「やっぱり、家で死にたい――家族がいても、ひとり暮らしでも」とした。シンポジストには地域で緩和ケアに従事している医師と看護師、一般病院で緩和ケアに携わっている医師、そして在宅緩和ケアで家族を看取った主婦に依頼した。五〇〇人近く収容できる会場を満席にすることができた。

主催者の挨拶で、「会発足以来話題に登っていたのは、『やっぱり家で死にたい』ということである」と述べた。もし望むなら、住み慣れたわが家で最期のときまで過ごすことができるようにするにはどうすればよいのか、市民一人一人によく考えてほしいと願った。

日本ホスピス・在宅ケア研究会福島大会の諸準備が進められた。ほぼ毎月一回、県内各地から福島市に実行委員が集まり、講師の選定、分科会の設定と組成、予算案の作成、補助金申請、役割分担などの協議が続き、次第に大会の骨格が定まっていった。大会のテーマを、「いのち」に焦点をあて、「共に考えよう、わたしのいのち、あなたのいのち、みんなのいのち」とした。分担して講師の依頼を行った。

福島県から新たに、「福島県地域がん医療検討会委員」の委嘱を受けた。これは県民が日常の生活圏の中で質の高いがん医療を受けることができる体制を確保する観点から、地域がん医療の整備および終末期医療のあり方について検討するために設置されたようである。福島県保健福祉部から、「昨年度はがん拠点病院の整備を中心に検討を進めたが、今年度からは末期医療のあり方を中心に検討を行うので是非市民代表の委員として参加願いたい」という依頼の言葉があった。

この検討委員会の委員のほとんどは県内各地域で緩和ケアに取り組んでいる医療機関の代表と生と死を考える福島の会会員の医師たちで、この方々と一緒に行政当局と緩和ケアについて話し合う機会を得たことは、いささか遅きに失した感はあったが、感無量であった。

話し合いにより緩和ケアの提供体制の整備、緩和ケアに関する意識調査（県民、医師、看護師別にアンケート調査の実施）を福島県立医科大学に委託して行い、その結果に応ずるモデル事業の原案を作ることになった。県民の意識調査には本会会員が全面的に協力した。

緩和ケアに関するテーマが福島県の政策課題に位置づけられたことは特筆に値すると考えてよい。この十年余、地道に進めてきた市民活動の成果と評価してもよいのではないかとも思った。何事も肯定的に考え、地道に取り組むことで心地よい結果が生まれる。会が充実期にあることを実感できた一年であった。そして、新たな展開が生じる。

四　特定非営利活動法人「福島県緩和ケア支援ネットワーク」の設立

（1）会の新たな発展期、「日本ホスピス・在宅ケア研究会福島大会」の開催

1　二〇〇四年度、「日本ホスピス・在宅ケア研究会福島大会」の開催

日本ホスピス・在宅ケア研究会福島大会は、九月十一日、十二日の両日、郡山市民文化センターで開催された。二日間で七五〇〇人以上の人たちの参加があった。

分科会は、教育講演、特別企画、子ども共育部会、市民ネット、看護部会、在宅ホスピスケアを支える医療者の

集い、スピリチュアルケア部会、哲学茶屋、自死遺族ケア部会、模擬倫理委員会、そしてポスター発表であった。また、以下のようなプログラムで講演、対談、シンポジウムを実施した。

「第十二回日本ホスピス・在宅ケア研究会全国大会 in 福島」プログラム

基調講演　国際日本文化研究センター所長山折哲雄氏「東北の看取りと死生観」／記念講演　ノンフィクション作家柳田邦男氏「死が生に問いかけるもの」／特別基調講演　英知大学教授高木慶子氏「いのち――この神秘なるもの」／特別講演　聖路加国際病院理事長日野原重明氏「いのちを考える――私とあなた」／シンポジウム作家玄侑宗久氏、ふくしまエコ・ライフ財団理事・獣医溝口俊夫氏、羽黒山修験道荒澤寺代表島津慈道氏「いのちの循環を考える」／対談　諏訪中央病院管理者鎌田實氏、聖ヨハネホスピス研究所長山崎章郎氏「鎌田實&山崎章郎『いのちを語る』」／特別企画　森のイスキア主宰佐藤初女氏「死別の悲しみを乗り越える」／対談　関本クリニック院長関本雅子氏、神戸赤十字病院心診内科部長村上典子氏「グリーフケアの実際」、など

誰もが終の棲家は自分の家で家族と一緒に最期のときまで暮らしたいと願う。しかし、現実には大多数の人が病院で死を迎える。どのような状況であっても人間としての尊厳が守られて安心して暮らすことができる地域社会システムを作るためにはどうしたらよいか、福島大会の参加者はそれぞれの立場で、「いのち」のあり方と終末期のケアについて考える機会になったことと思う。緩和ケアの専門職種の専門性の向上に寄与するとともに、市民一人一人にとってこの上ない意義ある大会になったととらえてよいと思った。

結果として、かなりの余剰金が出た。また大会開始前から、実行委員会を解散しても実行委員は緩和ケア、とく

に在宅緩和ケアの普及啓発のためにさらに力を尽くそうとの声が上がっていた。そして、解散のための実行委員会が開かれた折、緩和ケアをいっそう推進普及するための組織を作ることが決議された。余剰金がNPO設立の資金となった。

「福島県地域がん医療検討会」の会合では、緩和ケアに関する意識調査の集計結果が示された。調査の結果についてとくに気になったのは医師と看護師の回答率が五〇%程度であったことである。医師は福島市内の医療機関のすべての常勤医師、看護師は県看護協会福島支部に加入している全看護師であった。職務の特性上多忙のことは理解しても、緩和ケアに関する意識の低さ、関心のなさの表明なのであろうかとの疑問を抱いた。

課題としてあげられたのは、緩和ケアに関する、地域住民への教育プログラムの作成、医師・看護師・薬剤師・ケアマネジャーの教育、がん拠点病院での緩和ケアチームづくり、ボランティア教育のシステムづくりとボランティア登録などであった。実践されている緩和ケアの評価も課題であると思われた。

調査の結果生まれた課題を共有することを申し合わせた。協議は、「在宅ケア推進モデル事業」の実施ということに収斂された。目的は、在宅療養者への緩和ケアおよび訪問看護の充実を図り、県民が質の高い在宅緩和ケアを受けることができる体制を確保するということであった。実際には、福島市を管轄とする県北保健福祉事務所が主体的に「在宅緩和ケア研修事業」に取り組むことになる。これは福島県において緩和ケアに関し、行政が取り組むはじめての研修会であった。

2　二〇〇五年度、記録集「いのちを支え、いのちをつなぐ」の完成、NPO設立準備

日本ホスピス・在宅ケア研究会福島大会実行委員会が編集委員会を作り、記録集「いのちを支え、いのちをつなぐ」の完成をみた。一千余部を病院、開業医、訪問看護ステーション、介護施設、大学などの各方面に無料で配布

した。余剰金の社会的還元である。

再び「福島県地域がん医療検討会」委員の辞令を交付された。在宅緩和ケア研修事業、在宅緩和ケア普及事業、在宅緩和ケア地域連携会議など、検討課題が在宅緩和ケアを推進する具現化の方策に及んできた。研修内容は、緩和医療総論、がんの症状マネージメント、コミュニケーションスキル、看取りの援助、チームアプローチと社会資源、医療保険・介護保険、在宅技術などである。対象は広く医療および介護関係者となった。

このことの推進のために、県北保健福祉事務所に「在宅緩和ケア県北地域連携議」が組織され、この委員に推薦された。学識経験者、医師会等の関係者とともに、市民団体の代表としての参加であった。これは、福島県においてはじめて、在宅緩和ケアに関する地域連携会議が県北地方に組織されることであり、意義深いことであった。

この会議で、生と死を考える福島の会の理念、これまで実践してきたこと、数多くある一般市民からのがんや緩和ケアに関する質問への対応、相談窓口の早急な設置、関係機関のネットワークの大切さ、遺族ケアの実際などについて、具体的に例をあげて説明した。関係機関との連携が困難な理由にも触れ、関係機関の窓口の整備、専門職の育成、情報を共有する心のキャパシティはどうあるべきかについての問題も提起した。

官という行政が取り組めば事態は急速に進展する。行政との対応が個人レベルでは困難であるとすれば、NPOなどの法人格をもつ組織を設立することが重要であるとの認識を深めた。

福島県では会津地方における県立病院の統合問題が生じ、「会津統合病院整備検討委員会」が設置された。福島県病院事業管理者から検討委員会委員の委嘱を受けた。委員は七名で、医療関係者、大学教授、地元代表に交じって市民の代表としての参加となった。

検討会では、「人は誰でもいずれ自分がどのようにして死を迎えるかというきわめて厳粛な問題と向き合わなければならない。在宅で死を迎えることができるための後方支援体制がとれる病院にすべきだ。これが県立病院として地域に存在する理由になる」と述べた。また、「せっかく新しく作る病院であるので、会津地方で緩和ケアの拠点となる病院にし、ここから在宅緩和ケアとの連携が可能になるシステム化されたネットワークの中核となる病院にすべき」とも発言した。これらは議事録に明示され、後に病院の機能の検討に生かされることになる。

検討の結果、新統合病院の診療機能の基本的方向性として、へき地医療支援機能、一定の高度医療に関する医療（がん、心疾患、脊椎疾患等）などとともに、その他の機能等に「在宅緩和医療等」の項目が提示された。そして、がん医療の項目に、「緩和ケア医療については、がん医療を行う県立病院として先導的な役割を果たしていくために必要な機能を整備することとし、今後の患者数の動向や採算性を考慮し、個室病床においてチームによる緩和ケア医療を提供していくものとする」と明文化された。

基本構想が示された直後、地元紙が大きく「会津統合病院、県立初のホスピス設置、末期がん患者らに緩和ケア」という見出しの記事を載せた。記事の内容は「統合病院では、末期患者らに対する終末期ケアを実践する施設であるホスピスを設置することで、がんの症状が重い患者の痛みを取り除く緩和医療などを行い、会津地方の高齢化に応じた医療機能を整備する」であった。

一市民の小さな発言であったと思われるが、この十有余年、地道に市民活動として訴えてきたことが行政当局の理解を得て、緩和ケアの推進が会津地方においても実現に向かいつつあることをよろこばしく思った。市民の声が積み重なると、ものごとは適切な方向に動くようである。ここに市民活動の価値があるのであろう。

（2） 特定非営利活動法人（NPO）の設立、官民連携協力体制の進行、理念の具現化

1 二〇〇六年度、NPO設立、在宅緩和ケア県北地域連携会議の進行

日本ホスピス・在宅ケア研究会福島大会実行委員会有志が設立委員になり、「特定非営利活動法人福島県緩和ケア支援ネットワーク（略称：NPO福島緩和ケアネット）」の設立を決議し諸手続を経て福島県知事の認証を得、直ちに法人登記を行った。理事長に就任し、自宅をこの法人の事務所にした。

NPOの目的は「この法人は緩和ケアに関わる保健、医療、介護、そして福祉のネットワークを構築し、がんや難病などに罹患した人たちとその家族に理念の確かな緩和ケアを橋渡しする役割を担い、がんや難病などに罹患した人たちとその家族ができる限り良好な生活の質を保って生活ができるよう支援することを目的とする。併せて、緩和ケアの推進と普及啓発、緩和ケアに携わる人たちの専門性を高める教育と研修並びに研究支援、遺族ケア、そして地域連携支援を行うことによって社会の進歩に寄与することを目的とする」である。

また、目的を達成するために、①緩和ケアの推進及び支援に関する事業、②緩和ケアの普及啓発に関する事業、③がん及び難病などの患者とその家族に対する相談・支援活動、④緩和ケアに関する教育・研修及び研修支援、⑤遺族ケア、⑥緩和ケアに関する地域連携支援、⑦その他、を行うことを定款に示した。

「在宅緩和ケア県北地域連携会議」の組織には、県北地区の「福島県地域がん医療検討委員会委員」に加えて、地区医師会、薬剤師会、在宅介護支援センター、ソーシャルワーカーの代表が参加し、それぞれの立場で緩和ケアの取り組みが発表できるほどに発展してきた。

しかしながら、在宅緩和ケアの提供には、医師は二十四時間対応が難しい、緩和ケア従事者の体力の問題、関係機関とのネットワークが不十分、看護師に緩和ケアに携わる人材が少ない、社会全体の理解不足、薬剤師は二十四

時間対応が難しい、専門職種にも緩和ケアの知識、技術に自信がないなど、緩和ケアのごく初歩的な問題が提示された。また、介護サービス提供者に対する対応マニュアルの作成や、主治医から訪問看護ステーション、薬局等への情報提供をスムーズに行う手だての検討などについて話し合われ、緩和ケアの「手引き」を作る必要があるとの指摘もされた。

問題の指摘は新たな発展のための礎であると理解している。これらの指摘はこの地域における緩和ケアの新たな発展の兆しであると感じた。よりよい緩和ケアの実現のためには、個人的に作成するプログラムでは作成したその個人には使用可能であっても、普遍的な適用にはなりにくい。大切なことは公的なシステムとしての緩和ケアのしっかりした体制を作ることにある。

看取りのことも、市民一人一人が専門職種の指示を守るだけの受け身の立場から、QOLを維持して人間の尊厳が大切にされる「死」へ向かう状況を作る主体的な意志をもつようにすることが課題である。在宅緩和ケアのシステム化とそれが真に機能するネットワークの構築が大切であるとあらためて思った。NPOの果たす役割は多大である。

2　二〇〇七年度、在宅緩和ケアシステム構築の連携支援体制の整備

引き続き、在宅緩和ケア県北地域連携会議の構成員十三名の一端を担うようになっている。ここで行った調査によれば、終末期在宅実現可能性の認識は、「終末期を自宅で……」を実現可能と考えている人はわずか一六%であった。同様にまた、NPO設立記念講演会のときに行ったアンケート調査においても、回答者はほとんどが看護師などの医療関係者であったが、可能性の回答は低かった。でも、大部分の人は「やっぱり家で死にたい」のである。同時に関心を深めなければならないのは、厚生労働省の動向である。二〇〇六年の診療報酬改定および介護報酬

改定、医療制度改革法案の成立、そしてがん対策基本法の成立など、次々と終末期医療にかかわる変革の動きが顕著になってきた。

診療報酬および介護報酬改定の要点は、①患者本位の医療提供体制の整備、②生活習慣病の予防体制の整備、③早期の在宅復帰と必要な支援体制の整備、④将来に渡る国民皆保険の維持である。これらのことで注目すべきところは、在宅医療の推進で、それも在宅での看取りを最終目標とする点である。

二〇〇七年四月一日施行の「がん対策基本法」の第十六条（がん患者の療養の質の維持向上）には「国及び地方公共団体は、がん患者の状況に応じて疼痛等の緩和を目的とする医療が早期から適切に行われるようにすること、居宅においてがん患者に対し、がん医療を提供するための連絡協力体制を確保すること、医療従事者に対するがん患者の療養生活の質の維持向上に関する研修の機会を確保すること、その他のがん患者の療養生活の質の維持向上のために必要な施策を講ずるものとする」と記されている。

これは、世界保健機関（WHO）が示している緩和ケアの定義そのものといってよいが、法律で国および地方公共団体に緩和ケアの適切に推進する義務を与えた画期的な条項である。しかも、がん医療に関して早期からの緩和医療の導入と居宅でのがん医療連携協力体制の確保は、在宅緩和ケアの推進とそのためのネットワークの構築を重要な課題として取り上げていることでもある。「緩和ケアは特別な医療ではなく、がんと診断された段階からがん医療の基本として導入されるべきこと」と、「生と死を考える福島の会」設立のとき以来訴え続けてきたことが、ようやく国の法律として制定されたのである。

「生と死を考える福島の会」は今後とも、会設立の理念を大切に死への準備教育、終末期医療の充実、遺族ケアに関して地道な学習に取り組むことを意図している。一方、「NPO福島緩和ケアネット」は、がんや難病等に悩む人たちやその家族に対する電話相談の開設、緩和ケアにかかわる専門職種のための緩和ケア交流会、緩和ケアボランティア養成講座、「看病の手引き」を作成しそのための研修会の開催を計画している。

二〇〇七年度においても、県北保健福祉事務所は「在宅緩和ケア県北地域連携会議」を継続するとのことである。この会議の担当者自身、また会議の構成員一三名のうち七名がNPOの会員である。官とNPOとの連携協力をより好ましい姿で推進したいと考えている。

五 考察

(1) 緩和ケアにかかわる官民連携協力体制構築の背景

目的が一致すると、目標に対する方法論を共有し、円滑に協同歩調をとることができる。決して批判せず、まして非難もせず、根気よく傾聴する、しかし自分の意見は理論的な裏づけを明確にしてしっかりと述べる。このような態度が市民活動が官からの認知を得る素朴でしかも説得力のある手だてであろうと思っている。

また、時代の趨勢もある。国の医療や保険の制度が行き詰まってきたことや、がんでの死亡が年間死亡者の三分の一を超えてきたことから「がん対策基本法」が制定され、国と地方公共団体が緩和ケアに取り組まざるをえない事態が生じてきた。「生と死を考える福島の会」において活動し、さらにNPOに所属する医師や看護師、ケースワーカーなどの専門職種の集団が地域の緩和ケア推進の担い手になることが望まれている。官民連携協力の環境が整ってきたのである。

（2）緩和ケアにかかわる官民連携協力体制の構築を可能にした要因

会の活動を発展させてＮＰＯを設立し、地域に官民が連携協力して緩和ケアのシステムを可能にしてきたことを考察し、その要因を箇条書きで示せば以下のようになろう。

1　理念を大切にした会の運営

「生と死を考える福島の会」を運営するにあたっては、設立の理念をつねに忘れないようにしてきた。同時に、社会的役割や職業を尊重してもいつも平等感を大切にすること、学ぶ目的の明確化、政治的宗教的中立、強制の排除、出会いに感謝することを確固として貫いてきた。これらのことが会の存在と運営に対して会員が信頼を寄せてきた根拠であろう。一般市民の信頼があるから、緩和ケアにかかわる地域の専門職種も集合できたのである。

2　充実した定例会や講演会、シンポジウムの提供

この十三年余、数多くの定例会や講演会、シンポジウムを重ねてきた。総会記念講演会は一四回、定例会の総数は四三回、特別講演会と特別研修講座は一八回、積極的傾聴講座は三三回を数える。合計すれば相当数の学びの数である。

思慮をめぐらし情報収集にアンテナを高くし、そのときそのときに適う定例会や講演会、シンポジウムなどを設営してきた。講師の選考にあたっては、自分自身で聞いて納得し、または書籍で確かめて、「この人」と思える人にお願いした。これによって会員ならびに一般市民に対して魅力ある学びの機会を提供してきたと自覚している。これが官を含め地域に充実した会合と認知される大きな要因になったと思われる。

忘れてならないのは、遺族ケアとしての分かち合いの継続である。ここに参加した遺族は会員登録をしたり、会の行事に積極的に参加するようになるのである。

3　専門職種の発掘と育成

ＮＰＯに参加している職種は、医師、看護師、薬剤師、研究者、教員、ケースワーカー、社会福祉士、介護関係者、新聞記者、会社経営者などである。これらの人たちは会の発展とともに会に参加し、ＮＰＯが設立されるやここにも専門職種として入会している。医師や看護師などの専門職種の方々には会が主催する定例会や講演会などに繰り返し講師をお願いした。専門職種の方々は講師を繰り返すことによって緩和ケアに関する造詣を深めていったと理解している。会は専門職種を発掘しまた育成もしてきたのである。

4　マスメディアの協力

会の発展を支えたマスメディアの手助けと協力にも感謝しなければならない。会設立当初は、地元紙の記者が「生と死」に関心をもち、会の紹介や広報に尽力してくださった。同じように、朝日新聞、毎日新聞、読売新聞、ＮＨＫの記者が入れ替わり（転勤がある）「生と死を考える福島の会」にかかわっていった。当方が行う「生と死」のことや緩和ケアに関する最初の説明は大変であるが、理解すればさらに学習を深めてすばらしい記事を書いてくださる。これ以外の地元マスメディアにも大変な支援を受けている。影響は実に大きい。

5　会報、講義録や記録集などの発刊

「会報」は会設立以来年二回の発行を続けている。すでに二八号を数えているが、本会会報の特色は本会の役員が定例会や講演会のテープ起こしをし、講師の校閲を経て、「抄録」のかたちで発刊していることである。たとえ定例会などに参加できなくても、会報を丹念に読めば、その内容がわかるように配慮している。また、特別講演会、介護ボランティア養成講座、日本ホスピス・在宅ケア研究会福島大会の開催後は、「会報」、「講義録」、「記録集」としてすべての内容を逐語録の様式で刊行している。このことは、この地域にとどまらず、全国的にも「生と死」

や広い意味での緩和ケアの理解と啓発に役立っていると思われる。

6　経済的基盤の確立

当たり前のことであるが、会の運営には資金を要する。資金に余裕があれば、定例会や講演会が充実する。招きたい人を招くことが可能になるからである。会長を引き受け、最初に取り組んだのが経済的基盤の確立であった。共同募金会からコピー機の寄贈を受けたり、有料の講演会と講座を開催し、かなりの資金的余裕ができた。ありがたいことに講師の何人かは、「生と死」のために役に立ててくださいと講師謝金や交通費をご寄付くださる。冊子の販売代金も結構な額になる。日本ホスピス・在宅ケア研究会福島大会での余剰金はＮＰＯ設立の資金となった。

7　さらに豊かな人間性確立のための修養

「生と死を考える福島の会」が大切にしてきたのは、単なる受け身の研修以外の能動的な会員研修である。会の開設以来継続して取り組んできたのが「積極的傾聴」の学習である。回数にすれば定例会に匹敵するくらいの数を数え、参加者は延べ一〇〇〇人を大きく超えるであろう。積極的傾聴の学習は身近な人を大切にしたり、利他の精神と実践力を向上させる。終局的にはさらに豊かな人間性を修養する機会を得ることになった。遺族ケアのスタッフにとっては最適の研修となった。豊かな人間性をもち、心底から協力、協調する精神があるから、会が心地よく運営でき、ＮＰＯが円滑に設立できたと信じている。

六　これからの課題

いくつか具体的にこれからの課題を明らかにする。

1　緩和ケアの理念の確認

最近、いつ延命治療を中止するかの話題が新聞紙上を賑わせている。厚生労働省が末期がんなどで治る見込みのない終末期の患者に対し医師が延命治療を中止するプロセスを明示した指針をまとめたからである。指針が法律として成立するにはまだ時間を要するのであろうが、死を家で迎えていた時代の死のあり方を真剣に再吟味する必要に迫られるのは疑いのないところである。一人一人が自らの死生観を確かめたり、地域がもつ看取りの文化などを問い直し再現する必要もある。これは市民一人一人の課題であるとともに、緩和ケアに携わる人たちの大切な役割である。尊厳死やリビングウイルの問題も避けて通れない。

2　緩和ケアの推進、普及啓発のいっそうの努力

緩和ケアが普及しつつあるが、それはまだごく端緒にすぎない。WHOが示している痛みの除去すらままならない医療も存在する。WHOの緩和ケアの理念、がん対策基本法の精神や実践事項も十分な理解が得られているとは限らない。NPOにおいても会員の総力をあげて、より好ましい緩和ケアの推進と普及啓発に努力する必要がある。とくに在宅緩和ケアに携わる医師、看護師、薬剤師、ケースワーカー、などの専門職種の掘り起こしと育成は緊急の課題である。

3　緩和ケア従事者の専門研修の充実

望ましい緩和ケアの提供のためには緩和ケア従事者の専門性を高める研修が重要である。そのためにはまず、「地域がん検討委員会」のモデル事業にNPOのスタッフが全面的に協力することが要請されている。また、福島県の手が及んでいない他の地域においても、同じような研修会を計画実践する必要がある。NPOは行政との連携を強化し、積極的にこの役割を担わなければならない。

4　遺族ケアの提供

緩和ケアは遺族ケアまでも含む。時代の様相によって、あるいは看取りの不全、死別の状況などによって悲嘆の深さはさまざまで、死別の悲しみからの立ち直りが容易でない遺族も多い。グリーフケアを必要とする遺族のための「悲しみの分かち合いの会」をもつことは必須の課題である。

5　地域連携支援の充実

緩和ケアを地域に根付かせるためには緩和ケアのみならず、いのちのあり方やいのちの尊厳についての理解、医療の選択、死への準備教育、青少年へのいのちの教育などの「地域連携支援」が緩和ケアの理解と普及啓発にとって欠かせない実践事項である。ＮＰＯの人材の活用が求められている。

6　行政との連携協力体制の整備、緩和ケアネットワークの構築と橋渡しの実践

がん対策基本法の制定により、緩和ケアの推進には連携協力体制の整備が必然となった。望ましい緩和ケアの推進提供のためには、緩和ケアのあらゆる関係者が連携協力体制のもとで機能することが求められる。それには各地域で緩和ケアのシステム化されたネットワークを構築することが急務であり、辛抱強く努力すべき課題である。そのことによって、がんなどで終末期にある患者および家族と好ましい緩和ケアとの「橋渡し」ができるのである。

それにしても、県レベルでの連携協力の体制は整いつつあるが、市町村単位レベルでのかかわりはまだほとんどないのが現状である。大切な課題である。

七　おわりに

緩和ケアの流れは変容しつつある。病院から地域への流れを意識的に促すことが求められている。そのことに対する課題は尽きない。

小さな進歩を肯定的にとらえて、システムやネットワークが構築されるよろこびを感じ、今後ともいっそう官民連携協力のもとでの緩和ケア、とくに在宅緩和ケアの推進、普及啓発、さらには「いのち」の尊厳を大切にする社会の形成にも微力を尽くしたいと考えている。

出会った方々から計り知れない恵みをいただいてきた。あらためて感謝の意を申し述べる。

参考文献

・福島県県民環境室「福島県『人間・人格・人権の尊重』推進懇話会議事録」、二〇〇三年。
・福島県保健福祉部医療看護グループ「福島県地域がん医療検討会資料」、二〇〇四年。
・福島県「福島県立会津統合病院（仮称）基本構想」、二〇〇六年。
・福島県県北保健福祉事務所「在宅緩和ケア提供体制に関する調査結果等」、二〇〇七年。

II

ＨＩＶ薬害被害遺族におけるグリーフケア

村上　典子

一　はじめに

筆者とＨＩＶ／ＡＩＤＳ患者や血友病患者との出会いは、内科研修医時代にこれらの患者の採血や点滴などを担当することもあったが、むしろ「ボランティア（支援者）」として、一九九三年に「ＨＩＶと人権・情報センター（ＪＨＣ）」に入会したのが大きなきっかけであった。その活動の中で、血友病患者・家族へのケアを行う「ケアーズ」という団体にも深くかかわるようになっていった。そして心療内科医としても、ＨＩＶ／ＡＩＤＳ患者や血友病患者の心理的ケアに携わるようにもなったのである。

また筆者は、心療内科の一般診療の中で、さまざまな死別後の遺族への診療（グリーフケア）に大きな関心をもつようになり、薬害ＨＩＶ被害者と死別した後の「ＨＩＶ薬害被害遺族」への支援の重要性やその特殊性について、痛感するにいたった。本稿では、血友病やＨＩＶ／ＡＩＤＳといった疾患への簡単な医学的知識も含め、「ＨＩＶ

薬害被害」の概要について知っていただき、その遺族へのグリーフケアについて、少しでも多くの方にご理解いただくのが目的である。

二　血友病とは(1)

(1) 概要と疫学

血友病とは、血液が固まるために必要な凝固因子が先天的に不足しているために、出血がとまりにくくなる病気である。伴性劣性遺伝による先天性疾患で、母方のX染色体の異常のため、X染色体を一本しかもたない男性に受け継がれ、出血症状が現れる。女性の場合はX染色体が二本あるため、一方が正常な場合は大きな出血症状はなく保因者となる。患者のほとんどが男性であり、男児出生の五〇〇〇～一万人に一人の頻度であり、女性患者はきわめてまれである。基本的には遺伝病であるが、遺伝子の突然変異により血友病を発症する例も多く、患者の約三～四割には家族歴はみられないと報告されている。

(2) 症　状

出血がとまりにくいため、打撲や運動等により、四肢の関節内や筋肉内の内出血が起こりやすく、また出血を繰り返すことにより、関節の変形や拘縮をきたすこともある（血友病性関節症と呼ばれる）。こうした深部出血は、疼痛や腫脹を伴うことによって自覚されるが、時には血尿や口腔内出血、鼻出血もみられる。まれに頭蓋内出血を起こすと致死的になることもあるが、多くの場合は適切な治療により、日常生活は可能である。また、これらの出血症状によって、ほとんどが幼小児期に診断されるが、軽症患者の場合は成人して、抜歯や大きな外傷などではじめて判明することもある。

(3) 治　療

不足している血液凝固因子（血友病Ａには第Ⅷ因子、血友病Ｂには第Ⅸ因子）を静脈注射（点滴）により補充する治療が原則である。一九六〇〜七〇年代の治療は、新鮮血輸血、そして国内献血由来のクリオプレシピテート製剤であったが、一九七〇年代後半から濃縮血液製剤が使用されるようになった。しかし、その原料の血液のほとんどが米国からの輸入であり、薬害ＨＩＶ感染被害を起こすにいたったのである。

血友病治療の大きな特徴が、自己（家庭）注射である。血友病患者、あるいはその家族が医師の指導と管理のもとに、自宅や職場などで凝固因子製剤を自分で（あるいは家族が）注射することができる。わが国では一九八三年から認められ、早期止血が可能となり、血友病患者のＱＯＬ向上に大きく寄与した反面、薬害ＨＩＶ被害拡大を招いた要因であることは否めない。

また幼小児期からの輸血や血液製剤の使用のため、ＨＩＶ感染被害を受けた血友病患者の約九割以上が、Ｂ型・Ｃ型肝炎にも罹患している。最近では、ＨＩＶ感染症はコントロールされていてもＣ型肝炎の末期状態である肝硬変や肝臓がんで亡くなる血友病患者も増えてきている。

三　エイズ・HIVとは

(1) エイズ・HIVの概要

エイズ（AIDS）とは、Acquired Immunodeficiency Syndrome（後天性免疫不全症候群）の頭文字をとった病名で、病気に対する抵抗力、つまり免疫機能が働かなくなる病気である。HIV（Human Immunodeficiency Virus ヒト免疫不全ウイルス）が白血球の一種であるリンパ球（CD4）を破壊し、免疫機能を低下させることによって起こる。HIVに感染しても無症状の期間（平均約十年）が長く（無症候性キャリア）、その後エイズ関連症候群を経て、さらに症状が進むとエイズを発病する。感染経路は性的接触（精液、膣分泌液）、血液、母子感染の三つで、日常生活の接触ではうつらない。現在、根本的な治療法や予防ワクチンはないが、多くの抗HIV薬が開発され、共存できる慢性疾患となっている。

(2) HIV／AIDS患者の全人的苦痛

末期がん患者には身体的・精神的・社会的・スピリチュアルな全人的苦痛があり、それらに対する包括的な援助（全人的ケア）が必要であるといわれている。[2] HIV／AIDS患者においても、同様に全人的苦痛が存在すると筆者は考える。

まず身体的苦痛として、根本的治療法がない、緩やかに静かに進行する慢性疾患であり自己健康管理が重要であること、副作用の多い治療薬をのみ続けなければならないこと、あらゆる臓器に症状が出る可能性のある全身疾患であることなどである。

精神的・スピリチュアルな苦痛としては、死への恐怖、差別への不安や孤独感、感染させた相手への怒り、他人に感染させる可能性があること、性に深くかかわること、一生この疾患と付き合っていかねばならないこと、「なぜ、自分がこんな病気に？」という答えの出ない問いかけなどである。

社会的苦痛として、差別・偏見の対象とされる可能性、経済的負担、職業上の制約、家族関係の問題、売買春の問題、セクシュアリティの問題など、さまざまである。

こうした「HIV／AIDS患者の全人的苦痛」に対して、やはり「全人的ケア」が必要とされるのである。

(3) 薬害HIV被害と裁判

薬害HIV被害とは、一九八〇年代前半に日本の血友病患者約五〇〇〇人がHIVの危険にさらされ、うち約一五〇〇人がHIV感染したことを指す。このうち最近までに、約六〇〇名がエイズなどで死亡、患者の死亡年齢は二〇代、次いで三〇代が多い。患者の死亡は一九九〇年代前半にピークがあり現在も続くという、薬害史上、死亡患者数、遺族数ともに最大の被害である。

次に裁判にいたるまでの経緯である。一九八一年、米国でCDC（米国立防疫センター）がエイズ発症を初報告し、翌一九八二年には血友病患者三人のエイズ発症が報告され、一九八三年「血友病患者のHIV感染は非加熱血液製剤が原因」と警告された。一九八三年六月、厚生省にエイズ研究班が発足し、九月には血友病団体が「エイズの危険がない加熱製剤の早期供給」を厚生省に要望しているが、依然として非加熱血液製剤の使用は続けられた。一九八五年五月に日本人血友病患者三人がエイズと認定され、ようやく七月に厚生省が加熱製剤の承認をしたが、非加熱製剤の回収指示はなかったため、さらにＨＩＶ感染被害は続いたのである。

こうした中、一九八九年五月、国と製薬会社を相手に薬害ＨＩＶ被害者たちが大阪でＨＩＶ訴訟を起こし、十月には東京ＨＩＶ訴訟も提訴された。長期にわたる裁判の経過中、次々と原告は命を落としていく。被害者たちへの一刻も早い救済という観点から、一九九五年、裁判所は和解勧告を行い、一九九六年二月に菅厚生大臣（当時）が国の責任を認め、原告らに謝罪した。そして三月、東京・大阪で和解調印がなされたのである。

四　薬害ＨＩＶ感染被害遺族へのケアに向けて

（1）薬害ＨＩＶ感染被害者遺族調査より(3)

二〇〇一～二〇〇三年度に山崎らを中心に、ＨＩＶ感染被害遺族ら当事者や弁護士たちが共同で薬害ＨＩＶ感染被害者遺族調査を実施した。面接調査（二〇〇一～二年）は三六家庭四八名の遺族が対象（うち母親二三名・父親一二名）で、質問紙調査（二〇〇二～三年）は、三九二の遺族家庭を対象とした。無記名式質問紙を郵送にて配布・回収。二二五遺族三〇七名（回収率五七・四％）の遺族を対象に分析を行っている。患者との続柄は母親一一九名、父親九二名、妻四八名、きょうだい三五名、子ども七名、その他四名である。患者の死亡年齢は平均三一・七歳で、二〇代三七・三％、三〇代二二・八％、一〇代一五・四％、四〇代一四・九％の順に多い。死亡後経過年数は七～八年にピークがあった。

この調査結果によると、遺族は悔しさや怒り、自責・後悔、差別不安・孤立感などの思いを複合的に、かつ現在でも強く抱き続けていることがわかった。深い悲しみの多くは、時間の経過とともに減少する傾向にあるが、現在でも加害者への悔しさや怒りをもち続けている。また血友病、ＨＩＶ感染、死をもたらしたことへの自責・後悔がきわめて強い。この調査で「血友病として生を授けて申し訳なかったという気持ち」を「よくあった」と答えた親は、死別直後で八四・八％、調査に答えた時期でも七四・九％にものぼった。ＨＩＶ感染、血友病へのスティグマによる差別不安、孤立感もみられた。同時に行った心理テストなどからも、今なお精神健康面の問題が広範に存在することが示唆されている。

これらの結果を踏まえて、ＨＩＶ感染被害遺族の健康問題に取り組む委員会がようやく発足したのである。

(2) 「ＨＩＶ感染被害者遺族等に対する健康被害等の対応に係る調査研究会」の発足

和解後は、ＨＩＶ／ＡＩＤＳ治療のためのブロック拠点病院なども整備され、治療は飛躍的に進歩したが、遺族らはその恩恵を受けることはなかった。和解を受けての、遺族への救済事業の一環として、厚生労働省医薬品副作用被害対策室と東京・大阪ＨＩＶ訴訟弁護団が事務局となって二〇〇四年六月、「ＨＩＶ感染被害者遺族等に対する健康被害等の対応に係る調査研究会」が発足した。専門委員六名と、遺族・血友病患者などの当事者委員六名、計一二名からなり、二〇〇五年十一月まで計八回の研究会を開催し、その成果として二〇〇八年三月「薬害ＨＩＶ感染被害遺族等のメンタルケアに関するマニュアル」を作成した。

なお専門委員メンバーは以下のとおりである。

座長：金　吉晴（国立精神・神経センター　精神保健研究所　成人精神保健部部長）

委員：

平山正実（聖学院大学大学院　人間福祉学科教授）

山崎喜比古（東京大学大学院　医学系研究科　健康社会学教室　助教授）
山本耕平（大阪体育大学　健康福祉学部　助教授）
島田　恵（国立国際医療センター　エイズ治療・研究開発センター　看護支援調整官）
村上典子（神戸赤十字病院　心療内科部長）

五　対象喪失と悲嘆

対象喪失とは、その人にとってかけがえのない何かが奪われた状態である。身体機能の喪失（四肢の麻痺、失明、難聴、切断など）、健康状態の喪失（慢性透析、糖尿病、ＨＩＶ感染症など）、生命の危機（がん、心筋梗塞、脳卒中、エイズなど）、大切な「もの」の喪失（家屋、財産、思い出の品など）、社会生活の喪失（職業や名誉、コミュニティの喪失など）、愛する対象の喪失（死別、生き別れ）などがあげられる。

悲嘆（グリーフ・grief）とは、対象喪失によって起こってくる一連の心理過程で経験される落胆や絶望の情緒体験であり、心理的のみならず身体的・社会的な反応を伴う。[4]

悲嘆反応のプロセスとして、以下のようなモデルがある。

(1)　ショック、茫然自失、感覚鈍麻
(2)　事実の否認
(3)　怒り
(4)　起こりえないことを夢想する

(5) 事実に直面し、落ち込み、悲しむ
(6) 事実を受け入れる
(7) 再出発を期する

この中でとくに重要なのが怒りであり、時には理不尽な怒りとして、八つ当たり的に第三者に向けられることもある。また怒りが自分に向くような「後悔・自責」もとくに遺族の場合はよくみられる反応である。このプロセスは必ずしもこの順番どおりにすべて現れるわけでなく、ある段階を飛ばしたり、行ったり来たりを繰り返すこともある。そして、長い時の流れを経てようやく「事実を受け入れる」ことができ、再出発できる。しかし、遺族の場合は「再出発」という言葉にはそぐわず、深い悲嘆を生涯心の奥に抱え続けることもある。

六 「複雑な悲嘆」（病的悲嘆）とは

死別の悲嘆反応は誰もが経験しうる正常なプロセスであり、死別の悲嘆がいくら大きくとも、多くの場合は自身の力で乗り越えていくことができる。しかし、たとえば「うつ病」など何らかの診断名がつき、専門家による医療や心理治療を必要とする悲嘆もある。また診断名はつかなくても、程度がはなはだしかったり、遷延したり、抑圧されていたり、時期が遅れて現れる場合もあり、こうした悲嘆を「病的な悲嘆」「複雑な悲嘆」などと呼ぶ(5)。しかし、その診断をつける時期についてはさまざまな説があり、「正常な悲嘆」との境界はあいまいである。たとえば遺族が強い悲しみのあまりに眠れなかったり、食欲不振になったりなど、悲嘆とうつ病の症状は共通することが多い。しかし米国の精神疾患診断マニュアルでは、「一般的に、大うつ病性障害の診断は、喪失後二ヶ月たってもまだ症状が存在する場合でなければ下されない」と区別されている。[6]

悲嘆と外傷後ストレス障害（PTSD：Posttraumatic stress disorder）にも関連がある。PTSDの原因となるトラウマは「災害・事故・犯罪など、自分や他人の生命の危険を脅かすような暴力的な出来事」であり、通常の死別は含まれないことになるが、実際には遺族に侵入症状や回避症状などのPTSD様の症状がみられることはよくある。[7] しかし大きな相違点は、PTSDの場合は原因となるトラウマは「忘れたい、避けたいもの」であるが、遺族にとっては「死別の事実」はつらくとも、故人への愛着が強いために「忘れたい、でも忘れられない」というアンビバレントな感情があることである。

その他、心身症やうつ病に伴う自律神経失調症など、強い悲嘆感情を身体症状が隠してしまう場合もあるし、アルコール依存症、パニック障害などの不安障害が複雑な悲嘆として現れることもある。

七　複雑な悲嘆の原因となる死別体験

村上の臨床経験からは以下のような要因が複雑な悲嘆に陥る死別体験として考えられた。

(1)　事故や自死、急病など「急な死別」
(2)　医療に不信を抱いたり、死因に納得がいかないような要因
(3)　死別を分かち合う家族などのない場合
(4)　亡くなった方との関係で悔いや強い愛着を残す場合
(5)　長い期間の介護などで心身の疲労が蓄積していた場合

これらのうち、⑵・⑷・⑸はほとんどすべてのＨＩＶ薬害被害遺族にあてはまることであり、差別や偏見を怖れて周囲に隠すことから、⑶も多くの遺族にあてはまると考えられる（家族がいたとしても、分かち合えるとは限らないことも多々ある）。

また瀬藤は以下のように、病的悲嘆（複雑な悲嘆）の危険因子を分類している。(8)

一、「死の状況」にかかわる要因

イ　事故や急性疾患などの突然の予期しない死別の場合

ロ　死の原因が自死（自殺）や犯罪被害、エイズなどの特殊な状況であった場合

ハ　同時に、または連続して多くの喪失が重なった場合

ニ　遺族自身が死の原因に直接的・間接的に関与したと強く感じている場合

ホ　何らかの原因で遺体がない場合、遺体の損傷が著しい場合

二、喪失対象との「関係性」にかかわる要因

ヘ　子どもとの死別など、故人と非常に深い愛着関係にあった場合

ト　故人との関係が、過度に共生的・依存的であった場合、葛藤関係や愛憎関係にあった場合

三、悲嘆当事者の「特性」にかかわる要因

チ　過去に未解決な喪失体験のある場合

リ　精神疾患を有する人たち、またはその既往のある人たちの場合

ヌ　不安が強く、自尊感情が低いパーソナリティ特性を示す人たちの場合

ル　幼少期または思春期の子どもが近親者との死別に直面した場合

四、「社会的」要因

ヲ　経済状況が困窮、または死別によって著しく悪化した場合

ワ　家族や友人などのネットワークが少なく、孤立化する危険があり、感情を表出する場がまったくない場合

カ　死の原因に関して訴訟や法的措置が争われる場合

ＨＩＶ薬害被害遺族はこうした「病的悲嘆の危険因子」を複数満たしていることが多い。たとえば、ロ（エイズなどの特殊な状況）、ワ（ネットワークが少なく孤立化する危険）、カ（死の原因についての訴訟）などは、ほぼすべての遺族にあてはまることであり、他にも、ハ（同時にまたは連続して多くの喪失）、ニ（遺族自身が死の原因に関与したと感じる）、ヘ（子どもとの死別など深い愛着関係）、ト（故人との関係が過度に共生的・依存的）、などもあてはまる可能性が高い。

八　症例紹介

ここで、患者本人から発表の許可を得ているＨＩＶ薬害被害遺族のある症例を紹介する。

患者は初診時六〇代の女性で、血友病患者である薬害ＨＩＶ被害者の夫が、一九九一年に急死していた。死因は肝硬変による食道静脈瘤破裂の大出血であった。患者は夫の遺志を継ぎ、薬害ＨＩＶ裁判を継続し、一九九六年の和解後も、遺族として活動を続けていた。二〇〇〇年三月に筆者の講演を聞き、迷った末二〇〇一年四月に心療内

科を受診した。患者はこの十年間、慢性的な疲労感を抱えており、じんましん、動悸や手のしびれなどの身体症状も認められた。感情を抑圧している傾向があり、夫の死の経緯についても、当初は多くを語らなかった。薬物療法(抗不安剤や抗うつ剤)は副作用が強いだけで、効果はなかった。

初診から四ヵ月後の八月、数回にわたって夫の死の経緯について自ら詳しく語った。夫はC型肝炎にも罹患していたが、主治医からは夫も患者も説明されていなかったこと、食道静脈瘤破裂による吐血で救急車を呼んだが、搬送先が決まらず、搬送途中に夫は心停止、入院後二日目に亡くなり、意識の戻らぬままの別れとなったこと、自分や夫の家族にもHIV感染は隠していたため、死亡診断書などの手続きも自分一人でせざるをえなかったことなどを涙ながらに語った。

「十年もたっているのに、いまだにふっきれず情けない」と嘆く患者に、筆者は「今まで封印してきて、時間が止まっていたんですよ」と伝えた。後に患者は「この言葉が心に響いた」と語ってくれた。彼女の時間はようやく動き出し、「喪の作業」は徐々に進んでいる。

九　HIV薬害被害遺族の心理(9)

(1)　遺伝病としての血友病と、親子(とくに母子)関係

被害者の多くは二〇~三〇代という若年者であり、前述の実態調査の対象も約七割が親で、「子どもを喪った親」が多い。血友病は母方からの遺伝により発症することが多いので、母親が血友病の遺伝要因をもっていたため生まれながらに血友病に罹患していたわが子に自責を感じたり、父親(夫)にひけめを感じるケースもある。それらが

「自責」「悔い」という遺族心理につながってくる。

また幼小児期から血友病と判明し、一生涯病と付き合っていかねばならないわが子に対して、一般的な母子関係よりも母親の子どもへの愛着や母子密着は大きく、その分死別の悲嘆も大きいと思われる。

(2) 主治医との関係と、HIV感染の危険性と告知

血友病患者は幼小児期から一人の主治医にずっと受診し続けることが多く、通常よりも「医師患者関係」の親密度も大きい。当時、主治医に非加熱輸入血液製剤についての危険性を尋ねたり相談した患者も多かったが、主治医から「大丈夫」と言われたり、中には「自分を信用しろ」と叱責されたケースもあったという。

またHIV感染においては、他者への二次感染を防ぐためにも本人への告知が不可欠であるが、「不治の病であるのに、本人に告知するには忍びない」などの理由から告知されないケースもあり、現実に「二次感染」という大きな悲劇が起こった。感染を知らされないことで、自身の健康管理に留意したり適切なHIV治療を受ける機会を奪われた患者もいた。さらに告知のされ方(患者や家族を一室に集めての集団告知など)に問題があったり、その後のアフターケアも十分なされないことも多々あった。

民事訴訟としてのHIV訴訟でも医師は対象とされておらず、「主治医への複雑な思い(怒り、恨み、憎しみ、あきらめ、感謝など)」については、遺族にとってある種未解決な課題の一つであるといえる。

(3) 自己注射と感染拡大

自己注射が認可された一九八三年はちょうど非加熱輸入血液製剤の普及時期と重なったことから、感染拡大の一

因となった。そのことは、「薬害被害」でありながらも直接的には「患者自身や家族（多くは母親）が自分の手でＨＩＶが混入した製剤を注射した」ことにつながり、遺族の加害意識などの自責感につながった。

(4) 差別・スティグマと孤立

血友病という遺伝病にもある種のスティグマが少なからずあるが、それ以上にＨＩＶ／ＡＩＤＳへのスティグマは大きく、多くの患者と家族（遺族）が周囲に病名を隠さねばならなかった。そのため適切なサポートを受ける機会が奪われ、闘病中から死別後まで長期にわたって孤立することが多かった。患者の死亡診断書の病名を隠したいあまりに、すべての事務的な手続きも一人でせざるをえなかったという遺族もいた。「周囲に語ることができない」ことは遺族の悲嘆の経過に大きく影響した。

(5) ＨＩＶ医療の不在と医療不信

一九八〇年代のＨＩＶ医療はいまだ試行錯誤の時期であり、診療拒否や過剰な感染防御など医療機関における差別すらみられた。血友病の主治医に複雑な感情をもってはいても、他に診てもらえる医療機関がないため頼らざるをえないというケースもあった。医療の質においても施設によって格差があったことは否めず、「十分な治療を受けることができた」という「遺族の納得」につながらなかったケースは、その後の遺族の怒りや悔いといった気持ちを助長した。また「薬害被害」ということから、遺族には根底に薬や医療への不信が存在し、自身の心身の健康管理においても、適切な医療の恩恵を受ける機会を妨げることもあった。

(6) 薬害裁判と、生存患者への思い

ＨＩＶ訴訟において、原告である患者が死亡した場合は遺族がその遺志を受け継ぎ、またすでに患者が死亡している際は遺族が原告となっている。一九九六年三月の和解以後、ＨＩＶ医療体制や治療は飛躍的に進歩し、今やＨＩＶ／ＡＩＤＳは「共存できる慢性疾患」となってきた。それは「もう少し長く生きていてくれたら」という遺族の無念や、生存患者への羨望などにつながる面もあった。しかし「同じ血友病・ＨＩＶ／ＡＩＤＳ」という病と闘う生存患者に故人の姿を重ね合わせ「代わりに精一杯生きてほしい」と願いを託すという面もあった。

十　ＨＩＶ薬害被害遺族の特徴（まとめ）

以上を踏まえて、ＨＩＶ薬害被害遺族の特徴について、筆者なりにまとめたのが以下である。

(1) 「薬害」という「犯罪被害遺族」の側面

真実を知りたい気持ちが強く、「怒り」「憎しみ」「恨み」の感情も大きい。

(2) 「周囲に隠す」という意味で「自死遺族」との共通点

死別を分かち合う人が少なく、プライバシーの問題などから相談をためらうことも多い。

(3) 医療不信というベース

医療への不信から、病院受診をためらったり、薬への不信も強い。

(4) 血友病患者としての特性

母親との関係が密接であることや、幼少時からの主治医との関係も密接である。

(5)　長い闘病生活の介護
先に述べた症例は急な死別であったが、ほとんどの場合は長い闘病生活がある。

(6)　和解後の治療の飛躍的進歩による「明暗」
治療の進歩により、ＨＩＶ／ＡＩＤＳは共存できる慢性疾患となったが、それだけに遺族の無念の気持ちは大きい。

(7)　同じ立場（ピア）の絆の強さ
同じ血友病患者、ＨＩＶ／ＡＩＤＳ患者同士の絆から、遺族の絆も固い。

(8)　死別以外にも多くのストレスが重なる。
死別以前から、ＨＩＶ薬害被害というだけですでに多くのストレスが重なっている。

十一　さまざまな死別の遺族の特徴

ここでその他の遺族の特徴について筆者なりの考えをまとめ、ＨＩＶ薬害被害遺族との共通点、相違点について考察してみる。

1　がんの遺族の特徴

●通常は長い闘病生活になる。
●患者の苦しみをまのあたりにする。
●患者も家族も「死」と直面することになる。

●積極的な延命治療か、あるいは緩和ケアかなど、治療の選択の迷いを生じる。
●ホスピスなどを選択したり、残された時間を悔いなく過ごすことができる場合もある。

2　自死（自殺）遺族の特徴

●通常は突然の死別である（中には未遂を繰り返した後の既遂もある）。
●周囲の偏見などを怖れて、自死であることを隠そうとする。
●自死をとめることができなかったという自責感がある。
●「自ら死を選んだ理由」を知りたいという強い思いがある。
●時には死を選んだ故人への怒りや見捨てられ感など、複雑な感情がある。
●自死の原因についてなどで家族が互いに責め合うこともあり、家族関係の変化がある。
●警察や第三者の介入により、二次的に傷つけられる可能性がある。

3　ＪＲ尼崎脱線事故の遺族の特徴

二〇〇五年四月に兵庫県尼崎市で起こったＪＲ尼崎脱線事故は、死者一〇七名、負傷者五〇〇名以上の大惨事であった。筆者は現在までに十数人の遺族の診療に携わっている。

●突然の死別である。
●死亡者に大学生など若い人が多い（子どもを亡くした親が多い）。
●ほとんどの方（一〇〇名）が病院に搬送されずに、安置所で遺体と対面した。
●遺体の損傷が激しい場合がある。
●電車というもっとも「安全」と思われる乗り物での、日常生活の中での事故であり「基本的な安心感」が揺らいだ。

●人為災害であり、「犯罪被害」と同様の加害者への怒りや憎しみがある。

●マスコミによるプライバシーの侵害があった。

エイズは通常長い闘病生活があり、がん遺族と共通している部分は多い。また、周囲に隠すためにサポートを得られにくいという点では、自死遺族と似ている。「加害者が企業である」ということと被害者が多数であったことから、ＪＲ尼崎脱線事故遺族との共通点も多くみられた。また「安全であるべき薬」に裏切られた被害であることや、負傷者と遺族で明暗を分けた点も似ていた。反面、エイズという疾患のもつ特殊性（差別や性とのかかわり）や、ベースの血友病のもつ独特の問題、裁判がかかわることなどの相違点も多くみられる。このようにＨＩＶ薬害被害遺族には、他の遺族と共通する普遍的な側面と、この死別特有の特異的な側面の二面性がみられた。

十二　グリーフケアとは

グリーフ（grief）とは、「愛着の対象の喪失による深い悲嘆」を意味する。中でも、「グリーフケア（grief care）」は、家族や愛する人との死別後の遺族の悲嘆への援助を指す言葉である)[10]。グリーフケアとは一言で言うなら、「遺族がその人なりの悲嘆のプロセスをたどっていくこと（グリーフワーク、喪の作業）」をサポートすることであり、心理専門職が行うものとは限らない。医療従事者をはじめ、遺族がかかわるさまざまな職種や、時にはホスピスでの遺族会や、自助グループなど、遺族が相互に行うものでもある。

十三　グリーフケアのポイント(11)

グリーフケアにおいて留意すべきポイントについて、筆者の考えを以下に述べる。

(1)　死別の状況やそこにいたる経過が重要

故人の臨終の前から、遺族の悲嘆は始まっている。とくに薬害ＨＩＶ感染被害遺族の場合は長い闘病期間があることが多い。それは「突然の死別」に比べて、別れまでに心の準備ができるともいえるが、その闘病期間が患者本人にも家族（遺族）にとってもストレスフルで苦悩に満ちたものであるなら、その後の遺族の悲嘆は増幅される。逆に言うと、よりよいターミナルケアがその後の遺族の悲嘆をやわらげるのである。

もしグリーフケアのケアギバー（援助者）が患者の生前からかかわることができる立場なら、スムーズなグリーフケアに移行することができ、それが望ましい。そうではなくても、死別にいたるまでの経過を十分理解することは大切であり、そのためには血友病やＨＩＶ／ＡＩＤＳ、ＨＩＶ訴訟についての基本的な知識は身につけておくべきである。

(2)　遺族の「語り（ナラティブ）」の尊重

グリーフケアにおいては、まず「共感をもって傾聴する」ことが第一歩である。とくに薬害ＨＩＶ感染被害遺族は、差別や偏見を怖れるあまりに「今まで誰にも語ることができなかった」という可能性が高い。中には十年以上の長期にわたって沈黙し続けているケースもある。遺族が自身の語りを通じて、「心におちる」所、いわば「ある種の納得を得る」ことがグリーフケアでは重要であるが、「薬害被害」という面からそれが困難なケースは多々みられる。また、遺族の語るストーリがあまりにも罪悪感・自責の強い場合はそれを修正するサポートも必要と思われる。

(3) 抑圧され、遺族自身も気づいていない悲嘆もある

遺族が原因不明のさまざまな身体的不調を訴え、その根底に「悲嘆」が大きく関与していることが時にみられる。また遺族が想定外に冷静に振る舞っていたり、元気そうに見えている場合もある。その際、遺族自身もまだ自分の悲嘆に気づかず、心の奥底に押し込めている可能性もあるので、不用意に悲嘆に踏み込んでいかないという配慮も必要である。「身体症状化」している場合は「まだ心の奥に深く立ち入ってほしくない」という無意識でのメッセージの場合もありうる。たとえば、臨終の際の詳しい状況などは、相手から語ろうとしない限りは、最初からあまり深く聞かないことが望ましい（筆者はこの考えから、先に紹介した症例の場合、初診時には死別の状況にはあまり触れず、患者が語り出すまで待った）。

(4) 「疾病」としての治療と「グリーフケア」という視点の両輪が必要

グリーフが根底にあるケースでは、薬物療法のみでは効果が得られなかったり、通常予想されるより回復に時間がかかることがある。薬物療法は対症療法にすぎず、長期間の精神療法（カウンセリング）を要することもある。また正常な悲嘆反応であったとしても、遺族がサポートを必要として、医療機関などを受診することもある。「グ

リーフケア」という視点をもつことが重要である。

(5) 「治す」というより「寄り添う」こと

医療や心理治療が必要な病的な悲嘆であったとしても、「治す」ことを目標にしてはうまくいかない。大切な人を喪った遺族にとっては「元通りになる」ことはなく、「故人のいない環境に再適応する」だけのことなのである。その意味では、遺族の悲嘆のプロセス（喪の作業）の歩みに共に寄り添い、必要な時に手を差し伸べるようなサポートの姿勢が大切である。すなわち、「治癒（curre）」を目指すわけではなく「末期がん患者へのターミナルケア」と共通している面がある。

(6) 相手のニーズに合わせる

遺族が必要としているのが精神的なサポートとは限らない。時には経済的支援や家事援助など、現実的・社会的なサポートがそれにも増して必要な場合もある。独りよがりや自己満足ではなく、相手のニーズに合わせることが大切である。

(7) 遺族の回復に向かう過程はらせん階段状

遺族は通常の身体疾患のように直線的に回復に向かうことは、ほとんどない。山あり谷ありのらせん階段状であり、記念日反応（命日や故人の誕生日など）など容易に逆戻りすることがある。そうした遺族のペースに合わせることが大切である。

（8） ケアする側（ケアギバー）の限界を知る

グリーフケアにはケアギバーも多大なエネルギーを要する。自身の限界や適性を知り、必要な場合は適切な専門家につなげることも大事である。たとえば筆者の場合、精神科医ではなく心療内科医であるので、希死念慮が強い重症のうつ病などは精神科医に紹介するようにしている。

十四　まとめ——遺族の全人的苦痛とそのケア——(12)

今まで述べてきたように、遺族の悲嘆は単に心理的なものだけではなく、身体的・精神的・社会的・スピリチュアルな「全人的な苦痛」であるといえる。遺族はがん患者やＨＩＶ／ＡＩＤＳ患者のように最初から身体的苦痛があるわけではないが、悲嘆反応として二次的に身体疾患・身体症状を生じることもあるからである。

グリーフケアは、医療従事者や心理専門家のみが行うものとは限らない。地域の保健・福祉・行政関係者やＮＰＯ（ボランティア・市民団体）、教育機関、メディア、そして遺族同士の自助グループなど、遺族とかかわるさまざまなネットワークによって行われる、遺族の全人的苦痛への包括的な援助であるともいえる。今後ますますグリーフケアへのニーズは高まると思われ、ネットワーク作りや各機関の連携が期待される。

注

（1） 村上典子「血友病医療の特殊性」、金吉晴編著『薬害ＨＩＶ被害者遺族等のメンタルケアに関するマニュアル』、Ｈ

ＩＶ感染被害者遺族等に対する健康被害等の対応に係る調査研究会、二〇〇八年、（印刷中）。
（2）淀川キリスト教病院ホスピス編『緩和ケアマニュアル』、最新医学社、一九九二年、三四頁。
（3）薬害ＨＩＶ感染被害者（遺族）生活実態調査委員会編『薬害ＨＩＶ感染被害者遺族への面接調査報告』、二〇〇二年。
（4）薬害ＨＩＶ感染被害者（遺族）生活実態調査委員会編『二〇〇三薬害ＨＩＶ感染被害者遺族調査の総合報告書　三年にわたる当事者参加型リサーチ』、二〇〇三年。
（5）日本赤十字社編「こころのケア指導者養成研修テキスト」、日本赤十字社、二〇〇三年、一五頁。
（6）村上典子「中高年女性の心身医学的問題――『喪失体験』という視点から」『日本心療内科学会誌』一一巻三号、マイライフ社、二〇〇七年、一六九－一七三頁。
（7）American Psychiatric Association, *Quick Reference to the Diagnostic Criteria from DSM-IV- TR*, Washington D.C.: American Psychiatric Association, 2000（高橋三郎、大野裕、染矢俊幸訳「DSM-IV-TR 精神疾患の分類と診断の手引き」医学書院、二〇〇二年、二五四頁）。
（8）金吉晴（外傷ストレス関連障害に関する研究会）編『心的トラウマの理解とケア（第二版）』、（株）じほう、二〇〇六年。
（9）瀬藤乃理子、村上典子、丸山総一郎「死別後の病的悲嘆に関する欧米の見解――『病的悲嘆』とは何か」『精神医学』四七巻三号、医学書院、二〇〇五年、二四二－二五〇頁。
（10）村上典子「薬害ＨＩＶ感染被害遺族の特徴」金吉晴編著『薬害ＨＩＶ被害者遺族等のメンタルケアに関するマニュアル』、ＨＩＶ感染被害者遺族等に対する健康被害等の対応に係る調査研究会、二〇〇八年、（印刷中）。
（11）坂口幸弘「グリーフケアの考え方をめぐって」『緩和ケア』一五巻四号、青海社、二〇〇五年、二七六－二七九頁。
（12）村上典子「遺族の心理とそれをふまえた関わり」金吉晴編著『薬害ＨＩＶ被害者遺族等のメンタルケアに関するマニュアル』、ＨＩＶ感染被害者遺族等に対する健康被害等の対応に係る調査研究会、二〇〇八年、（印刷中）。
（13）村上、前掲論文、注（5）。

親を亡くした子どもの死の理解

村上　純子

悠子は、中学に入って一週間したころ、病気で学校を休んだことをきっかけに学校に行けなくなった。本人は「名前のことで笑われた」「給食のとき自分だけ量が少なかった」などと言うが、担任にはクラスに問題があるようには思われなかった。担任が電話などであれこれ働きかけたが、悠子は「学校に行くのが怖い、同級生とは会いたくない」と言って登校できなかった。

六月になり、本人もこのままではいけないと思い始め、担任からの勧めで市の適応指導教室に通い出した。それと同時に週一回、カウンセラーとの面接が始まった。適応指導教室にはスムーズに溶け込み、毎日のように通い出した。しかし、ここでも長期休みや連休明けは「カゼをひいた」と休むことが多かった。

面接は本人と平行して母親とも面接を行った。家族は母親、本人（中一）、妹（小一）、弟（四歳）の四人家族であった。母親との面接の中で、父親は悠子が小学校六年のときにガンで他界したこと、しかし父親が亡くなったあとも、本人は普通に学校に通っており、とくに取り乱した様子もなく、母親としては安心していたという話があった。

父親の死は検査入院から一週間と、急な出来事であった。悠子は葬儀のときも母を助け、弟や妹の面倒をみており、落ち着いているように見えたという。そのあとも、悠子は父親がなぜ死んだのか、原因は何だったのかなどと聞くこともなく、父親の病気のことも死に関することも一切口にしなかった。しかし、毎週家族そろってお墓参りに行くなど、この家族にとって、父親の存在はいまだに大きなウエートを占めていた。

一　親の死

発達成長の過程にある子どもにとって、親は生活の基盤ともいうべき存在である。その親が死ぬということは、子どもの生活の基盤が大きく崩れることになる。親の死に伴って、経済的にも、環境的にも大きな変化が起こることも多い。つまり、子どもにとって「親の死」は、他の人の死よりもはるかに大きな影響力をもつ出来事なのである。さらに、子どもの場合には発達途中であるという要素が加わるため、その悲嘆反応は大人のそれとは違っている場合も多い。つまり、子どもが親の死を経験した場合は、大人のグリーフケアとは違った視点からの理解とケアが必要なのである。

ここでは、子どもの年代別に発達段階を考慮して「子どもはどのように死を理解するのか」「どのようなケアが適切なのか」をまとめていく。（なお、悠子のケースはいくつかの事例をまとめて作り上げたものである。）

二　子どもの発達と「死」の理解

子どもが「死」をどの程度理解しているのかについての研究は一九四八年の心理学者マリア・ナギーの研究以来、さまざまな研究が行われてきた。(1) その結果、「死」をどの程度、どのように理解するかは、子どもの年齢や発達段階、置かれている環境やこれまでの経験、知的能力などによっても違うことがわかっている。その子どもがどの程度「死」について理解しているかを知るには、以下のような質問をしてみるとよい。(2)

①「死」と言えばどんなことを思い浮かべますか？
②今まで誰かが死んだのを見たことがありますか？　そのことをお話ししてください。
③生きている人ができることには、どんなことがありますか？
その中で、死んだ人ができることはどれですか？　（最終性）
それは死んだ人が生き返るということですか？　（不可逆性）
④人はみな死ぬのでしょうか？　（不可避性）
⑤あなたのまわりの人もいつか死ぬのでしょうか？　（不可避性）

ここでは、一般的にいわれている年代別に「死」の理解度をまとめる。

1　乳児から五歳

二歳未満の子どもは、「死」の意味はわからない。しかし、言葉以外の態度や雰囲気などにはとても敏感で、周囲の大人の反応、雰囲気で「大切な人がいなくなったこと」や「いつもと何かが違うこと」を察知する。そして、興奮してなかなか寝ない、ミルクを飲まなくなる、泣き止まない、下痢をするなどの反応を見せることがある。

二歳から五歳前後までは、「眠る」というのと同じような感覚で、元に戻るものとして「死」をとらえており、それが永遠に続くものであるということはまだ理解していない。

2　五歳ごろから

五歳くらいになると、「死」は永遠に続くものであること（最終性）を理解し始めるが、誰もが死ぬ、つまり自分や身近な家族、両親もいつかは死ぬのだ（不可避性）ということは理解できていない。また「死」を「死神」や「ガイコツ」などのように擬人化してとらえていることも多い。

3　児童期

以前は、九歳ごろにならないと死の概念は獲得されないとした研究が多かったが、最近の日本における研究調査を見ていくと、小学校低学年のころからすでに死の概念を獲得しているとした結果が出ている。(3)

児童期になると、「死」は自分にも、自分の親しい人にも起こりうるものであることを理解する。また、死は内的要因、または外的要因で引き起こされるものであること、そして人は死ぬものであり、それは年齢に関係なく起こることであると理解する。しかし、死の理解が現実的なものに近づく一方で、死を「悪いことをした罰」としてとらえたり、「自分がお見舞いに行かなかったから死んだのだ」などの論理的ではない考えもまだもっている。

また、日本の小学生では高学年になるにつれて「生まれ変わり思想」をもつ子どもが多くなる。(4) 最近、とくに小学校高学年、中学生の自殺がマスコミなどでも取り上げられ、話題になったが、このような生まれ変わり思想も自殺に対する恐怖感を薄くする一因となっているのではないだろうか。

4 思春期

思春期になると、知的レベルでの「死」の理解は大人のものとそう変わらない。むしろ、この年代は、「愛する人の死」から引き起こされる感情を理解し、表現すること、このような危機的な状況にどう対処したらいいかを教え、悲嘆のプロセスをきちんと通っていくことが大切な課題となる。

三　子どもに「愛する人の死」をどう伝えるか

「愛する人の死」を子どもに伝え、「死」について話し、正しく理解させることは、子どもの誤った考えや不安感、恐怖心を取り除くことになる。子どもであっても、大人と同様、その死を悼み、嘆き悲しみ、そこからまた立ち上がっていくという「悲嘆のプロセス」を通らなければならない。そのとき、無知からくる不安や恐怖心は、子どもを混乱させるだけである。大人は「死ぬとはどういうことなのか」を知っているから、「愛する人の死」を受け止めていくことができる。しかしそれを知らない子どもは、人が死んだとき、どう考えて、どう理解すればいいのかがわからず、その結果、さまざまなことを想像し、とんでもない話を作り上げ、自分や周囲を責めたり、故人を責めたりして、心の傷を深くしてしまうこともある。(5) 「何が起きたのか」を率直に話し、死と向き合うことではじめて、子どもも大人も現実を受け入れて歩み出せるのである。(6)

もし、前もって「愛する人の死」が予測される状況であるならば、子どもにはその状況を明確に伝えるほうがよい。「愛する人の死」に対して心の準備をする時間があれば、そのあとの悲しみを乗り越えるまでのプロセスがスムーズになるからである。(7)

では「愛する人」が死んだとき、子どもに何をどう伝えればよいのだろうか?(8) まずは「愛する人」がいつ死んだのか、なぜ死んだのかを、言葉を選びながら、子どもの反応に注意しつつ、はっきりとわかりやすく伝えることである。自殺や殺人事件の被害者などの場合であっても、事実はいずれ子どもの耳に入る。他人から不用意に聞かされるよりも、丁寧にそして正しい情報を先に子どもに伝えておくほうがダメージは少ない。

次に、自分が支えになろうとしていることを伝えることである。今もそしてこれからもさまざまな気持ちが出てくると思うが、自由に話していいし、疑問があれば何でも聞いていい、できるだけ答えるようにする、ということを伝える。

そして、これから何をすればいいのか、今後の予定や葬儀の段取りなどに関して、説明することである。子どもにとってははじめての状況であることが多いので、次に何が行われるのか予測が立たない。その不安感を和らげる工夫が必要である。子どもの反応によっては、必要なことを少しずつ話す、時間をかけて話すなどの配慮が必要であろう。そして、子どもが正しく理解しているかを確認しつつ、はっきりと伝えることが大切である。

死を伝えるとき、「いなくなる」「旅に出る」「星になる」「永遠の眠りにつく」などの婉曲的な言い方やたとえは、使わないように注意しなければならない。とくに子どもの年齢が低いほど言葉の通りに考えて理解し、不必要な不安、疑い、罪悪感、混乱を引き起こす危険性があるからである。

人が死ぬということは、「もう二度と体が動かなくなるということ」「今まで動いていた体の部分が動かなくなるから、話すことも、歩くことも、動くことも、見たり聞いたりすることもできなくなるということ」「悲しいとかうれしいとか、暑い寒いとかも感じないし、怒ったり傷ついたりもしないということ」「ご飯を食べたり、お茶を飲んだり、トイレに行ったりもしないということ」などのように、簡単ではっきりとした言葉で説明することが大切である。

また、子どもには自分の気持ちに素直になっていいことを伝える。その気持ちとは、悲しみだけでなく、怒り、悔しさ、罪悪感、罪責感である場合もある。そういう感情も「あたりまえ」で、それを表現してもいいのだと子どもに保障することである。感情は否定しても消えるわけではない。感情を押さえ込むと、それは自分の内側に向けられ、精神的なバランスを大きく崩すことにもなる。感情を自由に、そして率直に表現することが、悲嘆のプロセスにとっては大切である。

子どもの質問に対して「そのうち教えるよ」とか「いずれわかるよ」などのような答えは子どもを傷つける。きちんと取り上げ、答えがわからないことは一緒に考えようという姿勢を見せることが大切である。

四　子どもの悲嘆反応とケア

(1)　子どもの悲嘆反応

子どもが「愛する人の死」に対してどのような反応を示すかは、「いつ」「誰が」「どのように」死んだのかによって違う。さらに子どもの年齢、それ以前に「死」を経験したことがあるか、「死」を迎えるにあたって周囲の大人が何を言って聞かせてきたか、その子どもを支える環境があるかなどによっても違う。子どもが以前に、遠い親戚やペットなどの死を体験している場合、また事前に大人が「死ぬことは、自然なことであり、避けては通れないものであること」をきちんと話している場合には、比較的順調に「愛する人の死」を受け止められるようになる。

また、周囲の大人が「愛する人の死」をどう受け止め、どう対処しているかは、子どもの反応にも大きな影響を与える。たとえば、周囲の大人が「愛する人の死」を感情的に否定し、そのことについて一切話をしなければ、子どもも同じように振る舞うであろう。

「愛する人の死」に対する子どもの身体的反応には、眠れない、朝早く目が覚めてしまう、下痢や便秘をする、動悸がする、体重が減ったり増えたりする、体が疲れきったような状態になる、などがある。

精神的反応としては、泣く、怒る、パニック状態に陥る、無気力になる、無関心になる、すぐにいらつく、自分も死ぬのではないかと不安になる、集中力に欠ける、決断ができなくなる、物忘れがひどくなる、死にたいと言う、などがある。時には甘えたがって、大人のまわりを付きまとったり、一人になるのを怖がったりすることもある。また、まるで映画を見ているように現実感がなかったり、普通に日常生活を送っているように見えても空っぽで取り残された感じをもっていたりする。

生活、行動面では、退行する、学校の成績が下がる、多動的になる、問題行動をとる、ひきこもるなどの行動が見られる場合がある。故人の行動や口癖を真似たりすることもある。子どもの行動が急激に変わった場合には、自分自身が感じているさまざまな気持ちを言葉にすることができずに、行動で表していると考え、対処していく必要がある。

石井千賀子は、子どもの悲嘆反応を以下の三つに分類している。(9)「問題児タイプ」は、表現のエネルギーが高く、ケンカが増える、非行に走るなど、周囲を心配させるような言動が多くなる。「心配無用児タイプ」は、周囲の心配を感じ取り、妹や弟の面倒をみたり、残された親を心理的に、あるいは物理的に助けて安心させたりする。しかし、このタイプの子がずっとその役を担っていくと、後に身体症状や人間関係で悩むことがある。「不健康児タイプ」は微熱、頭痛、腹痛、チックなどの身体症状を呈したり、ひきこもったりする。

このように、周囲の大人もケアする側も、子どもの死に対する反応は大人とは違うものであること、また子どもによってもまったく違うものであることを認識していなければならない。そして、どのような反応を示していても、それを責めないことである。「愛する人」を失った子どもは、大人以上に、自分を理解して支えてくれる人の存在が必要なのである。

悲嘆反応の中で、子どもが示すいくつかの感情を見てみよう。

1 否　認

大人同様、子どもも「愛する人の死」を認めようとしない、否認の反応を示す場合がある。とくに低年齢の子どもの場合には、死の意味が現実として理解できないために、無関心に見えることがある。あるいは「愛する人の死」の衝撃を受け止めきれず、空想の世界に入る場合もある。たとえば、葬儀の当日であっても、いつものように「学校に行く!」と頑固に言い張る子どももいる。

一時的な否認は、悲嘆のプロセスにおいても正常な反応であるが、それがずっと続いたままであるならば、「愛する人の死」を受け止め、乗り越えていくことが難しくなる。このため、一見子どもが冷静に受け止めたように見えても、あるいは大して影響を受けていないように見えても注意が必要である。ただし、この「否認」を正そうとして説得する必要はない。今は「愛する人の死」の衝撃が大きすぎるため、受け止めきれないのだということを覚え、接することが大切である。

2 怒　り

悲しみとともに、怒りの感情が出てくることがある。怒りは、無力感ややるせない気持ちの裏返しとしてよくある反応であり、子どもがそれをきちんと表現することはとても大切なことである。

怒りはさまざまな形で出てくる。医者や神に対して、どうして「愛する人」を助けてくれなかったのか、あるいは周囲の大人に対して、なぜもっと早く手を打たなかったのかなどと言うこともある。また、故人に対して、なぜ死んでしまったのかと恨み、憎く思うこともある。とくに親を亡くした場合には、子どもは「いつも一緒にいてくれる」と信じていたその人が死んだのだから、裏切られた気持ちになっても不思議ではない。子どもが傷つき、孤独を感じている、その裏返しとして「怒り」を表しているのである。

子どもがそのような怒りを見せたとき、叱ったり、否定したりしないようにする。子どものそのような言動の裏には、不安や寂しさ、どうしたらいいかわからないといった気持ちがある。そのような怒りを、子どもが自分や人を傷つけない方法できちんと表現し、外に出す必要がある。そして周囲の大人は、子どもを叱ったり否定したりする前に、子どもの話をよく聴く必要がある。

3　罪悪感・罪責感

人は「愛する人の死」に対して、何らかの罪悪感をもつことが多い。死んだ人に腹を立てていいのだろうか？　自分だけ生き残ってしまっていいのだろうか？　もっとお見舞いに行っていればよかった、など「あのときにこうしていれば」「こんなことをしていなければ」と思うものである。それは子どもも同じである。子どもが死の現場に立ち会っていたり、自分の行動によって愛する人が死んだと思ってしまうような状況ならば、なおさらである。さらに、周囲の大人が「愛する人の死」に動揺し、過剰反応すれば、子どもはますます不安や恐怖感に襲われたり、自分が悪いのだという罪悪感をもったりする。「怒り」は外に向けられた感情であり、「罪悪感」は怒りの結果、自分の内側に向けられた感情である。

罪責感もさまざまな形をとる。ある場合には、なぜもっと早く病気に気づかなかったのか、などのように周囲の大人を責める。あるいは、罪責感を自分に向け、抑うつ状態に陥ることもある。また罪責感から、集中力に欠ける、眠れない、悪夢を見る、ひきこもる、感情がコントロールできない、暴れ出す、反抗するなどの反応を表す子どももいる。

小さな子どもは、人の思いや感情、まったく関係のない行動で人が死ぬという考え方をしやすい。自分が相手のことを「死んでしまえばいい」と言ってしまったから死んだのだとか、おもちゃを片づけなさいと言われたのに片づけなかったから死んだのだ、などと思い込んでいる場合がある。あるいは、自分が悪い子だったからママは死んだのだというように、「死」を刑罰のように考えることもある。このような場合、子どもが「言ったこと」「思ったこと」「したこと」と「愛する人が死んだこと」は何の関係もないこと、「死」は子どもに対する罰では絶対にないということを子どもに伝える必要がある。

子どもをケアする上では、子どもの言動がこのような罪悪感・罪責感から出てきたものであるかどうかを見極めることが大切である。とくに思春期になれば、口に出さずに、一人で罪責感を抱え、苦しみ、自分を責め続けていることも多いのである。だから、子どもは「愛する人」に何が起こり、どうして死んでしまったのかを知る必要があるのである。そして、「愛する人が死んだのはあなたの責任ではない。そう感じてしまうかもしれないがそんなことは決してない」と安心させることが大切である。(10)

子どもが示す反応は、時として大人から見ると不自然であったり、残酷であったり、無関心なように見えることがある。(11)たとえば、母親に「どうしてパパは死んじゃったの?」と質問し続けたりする。母親にしてみればいたたまれない気持ちになるだろうが、子ども自身は自分が感じている混乱や罪悪感をなんとかしようとしてやっている場合がある。あるいは、何事もなかったかのように遊び続けることもある。故人の写真や持ち物、その人が習慣的に行っていたことなどに、異様に執着を示すこともある。故人のことをまったく話さなくなる子どももいれば、その人のことばかりを話す子もいる。故人を世界で一番すばらしい完璧な人だったと信じる子どももいれば、自分を見捨てたと恨む子どももいる。

しかし、子どもがどんな反応を見せたとしても、それは決して死に対して無関心であったり鈍感なのではない。「愛する人の死」は、子どもにとっては、故人と二度と会えないという悲しみだけでなく、喪失感と見捨てられ感を伴う場合が多い。とくに「親」を失うということは、無力感や罪悪感、故人を責める気持ち、これから先の不安感なども伴うことを理解する必要がある。

(2) 悲嘆の中にある子どものケア

年代別に子どものグリーフケアのポイントをまとめる。

1 乳児から五歳

たとえ「死」が理解できない二歳未満の子どもであっても、できるだけ安心できる場所の確保が必要であり、言葉かけや接し方に気をつける。決して、小さい子どもは何もわからないから放っておいても大丈夫だなどと思わないことである。

二歳から五歳前後の子どもたちには、「死ぬ」ことが「生きている」こととどう違うのか、死んだ人ができないことを例にあげて、子どもにわかりやすい言葉で説明する。また、この年代の子どもたちの世界は、まだ現実と空想が入り混じっている。子どもたちのまわりにあるおとぎ話やゲーム、テレビ番組などでは、死んだ人が生き返ることもある。だから、現実世界では「生き返る」ということはありえないことであると説明する。説明したときには納得したように見えても、理解していない場合も多いので、機を見て繰り返し言う必要があるかもしれない。

この年代のもう一つ特徴的なことは、「死」とそれとは関係ないことを結び付けて考えやすいことである。「おじいちゃんは頭が痛くなって死んだ。お母さんも今、頭が痛いと言っている。ということは、おかあさんも死ぬの？」あるいは「好き嫌いをしてはいけないと言われたのに、ピーマンを残したからお母さんは死んだのだ！」というように、大人では考えもしないことを考えるのである。だから、子どもと話をするときには、もしかしたらとんでもない思い違いをしているかもしれないということを頭に入れて話す。もし思い違いをしていたら、それが間違っているということを伝える。とくに子どもが「愛する人の死」に責任を感じているときには、その子に責任は一切ないことを伝え、安心させる必要がある。

また、とくにこの年代では「死」と「見捨てられる」という恐怖感が結び付きやすい。幼稚園に行きたがらない、一人で寝たがらない、幼児返りする、親が視界から見えなくなるとパニック状態になる、大人にまとわりつく、暗闇を怖がる、新しい場所に行くことや、親が自分をおいて出かけることを嫌がるなどの反応を示すことも多い。また、集中力に欠ける、友達と遊ぼうとしない、無気力でうつ的な状態になることもある。この年代は、自分の気持ちを言葉にできるほど言語能力が発達していないため、遊びや絵、行動などを通して自分の気持ちを表現していることが多くあり、そこに留意して子どもを見ていく必要がある。

この年代の子どもに対しては、抱きしめたり、手を握ったりしながら「大丈夫だよ、おいて行ったりしないよ、見捨てたりしないよ」と繰り返し伝えることが大切である。子どもは言葉そのもの以上に、態度や視線、声の調子などに敏感に反応する。静かな声で優しく語り掛けることを心がけ、子どもが「自分は安全である、安心だ」と思える環境を整えることが大切である。

2　五歳から九歳

この年代は、とくに傷つきやすい子どもたちである。「死」について理解が進む反面、対処法がわからず、自分の身を守ることができないのである。時には、不安や混乱から、どう振る舞っていいのかわからずに、わざとふざけたりすることもある。このため、この年代の子どもたちにはとくに注意する必要がある。(12)

この年代の子どもたちには、簡潔にそして率直に事実を伝えることが一番の助けとなる。言葉の発達はまだ不十分だが、「うれしい」「かなしい」といった感情レベルで話すことはできるので、子どもの感じている気持ちがあたりまえのものであることを保障する。また、グロテスクな、あるいは攻撃的な絵や、車同士をぶつける、人形を叩き落とすなどの乱暴な遊びで感情を表現することもある。子どもと、故人のこと、良いことも悪いことも含め、いろいろな思い出を話すことが大切である。それが子どもにとって、自分の気持ちを整理するきっかけとなるからである。

3　児　童　期

児童期になると、死の概念が獲得され死を理解できるようになったからこそ、死に対する嫌悪感、恐怖感、不安感なども強くなる。しかし、死の理解が現実的なものに近づく一方で、死を刑罰としてとらえていたり、論理的ではない考えもまだ残っていることにも注意が必要である。児童期では、学業不振や登校しぶり、友達や家族を避けてひきこもる、孤立する、感情がコントロールできない、すぐに泣いたり怒ったりする、などの悲嘆反応が出てくる場合もある。

この年代の子どもたちが「愛する人の死」をどう乗り越えていくかは、家族や周囲の大人、友達の支えが大きなポイントである。この年代では、徐々に自我が芽生え始め、人からどう見られるかを気にして、自分に対しても他人に対しても批判的になることがある。周囲からの支えによって、子どもが素直に自分の気持ちを表現し、故人の死を悼むことができれば、それを乗り越え、生活を続けていくことができるようになる。

4 思春期

思春期の子どもたちは、死によって引き起こされる感情、罪悪感や責任、怒りなどに戸惑い、それをどう表現していいのか混乱している場合がある。また人間の小ささ、弱さを感じて、恐れや不安を抱えているかもしれない。あるいは、自分は今何をすることが期待されているのかがわからず、困惑している場合も多い。

周囲の大人は、思春期ともなれば「死」についても理解しているし、もう子どもではないのだから大丈夫だろうと放っておかないようにしなければならない。実際、思春期は人からどう思われるかがとても気になる時期であり、自分から困っているとか混乱しているなどとは言わない場合も多い。人に弱いところを見せたくないという気持ちが働き、人前で自分の感情をさらけ出すなんて絶対に嫌だと思っている子どもも多い。しかし、そのように気持ちを押さえ込んでいると、身体症状や過活動、興奮状態などとなって現れることがある。また、自分の感情のコントロールがうまくいかず、薬物やアルコールに頼ったり、衝動的で短絡的な行動がみられたり、非行や自傷行為などが問題となることもある。

思春期の子どもたちに対しては、彼らの芽生えてきた自我を尊重し、傷つけないような方法で彼らの気持ちを理解し、受け止めていく必要がある。そのためには周囲の大人が、彼らと真剣に向き合い、子どもの話を聴き、一緒に話し合い、時には教え諭していく、そのような支えと助けが必要なのである。それによって、彼ら自身も自分の気持ちを理解し、受け止めていくことができるのである。

五　子どもの悲嘆のプロセス

悲嘆のプロセスとは、「愛する人の死」を嘆き悲しみ、受け入れ、そしてそれを乗り越えていくことである。悲嘆の反応やその程度は、さまざまな要因によって違う。「死」を経験する年齢や性別、「死」が予期されていたのか、また故人との関係によっても悲嘆の度合いが違う。(13) 加えて、子どもの場合は、発達段階、子ども自身の性格、またどのように「愛する人の死」が伝えられたか、などを考慮する必要がある。家族の中の雰囲気や、問題の対処方法も重要である。(14) 一般的には、自分の感情を素直に表に出せる雰囲気や状況が整っているほど、「悲嘆のプロセス」はスムーズにいくといわれている。

子どもの悲嘆のプロセスを考える場合、時間の経過とともに、クリアしていくべき課題があるという見方をすると理解しやすい。そのプロセスは大きく三つに分かれる。(15)

第一段階では、子どもが「愛する人の死」について、何が起きたのかを知り、同時に感情の波に押し流されてしまわないように自己防衛機能を働かせる。第二段階は「愛する人」を失ったことを認め、それに伴う心理的な苦痛に耐えるステップである。そして、最終段階は、「愛する人の死」を受け止め、新たに歩み出すステップである。ただし、これらの段階は一直線上に並んでいるわけではなく、同時並行的に起こる場合もあるし、一方通行ではなく、前後したり、段階のあいだを行ったり来たり繰り返すこともある。

悲嘆のプロセスは、故人を失った悲しみを避けたり、消去するのではなく、背負っていくことである。悲しみを受け止め、それを背負ってなお前進しようとすることが目標なのである。

(1) 第一段階

悲嘆のプロセスを通るためには、子どもは何が起こったのかを正確に知ること、そして自分は守られて安全であることを知る必要がある。つまりここでの課題は(a)「愛する人」が死んだ、つまりそれはどういうことを意味しているのか、を理解する、(b)自分や自分の体、そして他の家族は安全であることを理解する、ということである。

この時期、子どもは「愛する人の死」を受け入れられずに否認し、なかったことにしようとすることもある。だから、子どもと故人のこと、そして「何が起きたのか」を、年齢に応じた言葉や話し方できちんと伝えることが必要である。「愛する人の死」について正確に伝えても、すぐに理解できるとは限らないが、子どもはそのことを心にとめていて、徐々に「何が起きたのか」を理解するようになる。

また子どもが、自分が安全な場所にいると感じられることが重要である。子どもは「愛する人の死」によって自分も死ぬのではないか、あるいはこの家族がばらばらになってしまうのではないかという不安感をもっている。だから、否認する、都合よく解釈する、感情的にあるいは物理的にもひきこもる、無感覚になるなどの方法で自分を守ろうとする。その不安感を和らげることが大切である。

安全であるとは、どんな気持ちを表現しても受け止めてもらえることでもある。もしかしたら子どもは「愛する人」が死んで、ホッとしていたり、よかったと思っているかもしれない。そのような気持ちであっても、そう感じてもいいと周囲が受け止められるかどうかがその子どもの悲嘆のプロセスに大きく影響するのである。子どもの気持ちを封じ込めようとせず、どのような気持ちをもったとしても、そのことで子どもを責めないことである。子どもは、心にあるさまざまな不安感、恐怖感、罪悪感などを表現し、安全性を確かめていくことで、自分は大丈夫だという感覚が育っていくのである。

(2) 第二段階

この段階は、「愛する人」を失ったことを認め、それに伴う心理的な苦痛に耐えるステップで、三つの課題がある。(a)「愛する人の死」を感情的に認め、受け入れること、(b) 故人との関係を見直すこと、(c)「死」を現実として受け止めることによって起きる、心理的な苦痛に向き合い、それに耐えること、である。

「愛する人の死」は事実であり、そのことを受け入れることは苦痛を伴うが、それをしなければ悲嘆のプロセスは未完のままである。この時期には、故人を恋い慕う気持ちと同時に、怒りや悲しみ、罪悪感など、故人に対するさまざまな感情が出てくる。大切なことは、故人に対して、いろいろな気持ちがあってもいいということを保障することである。そうしてはじめて、子どもは故人に対する気持ちを整理し、今はいない故人とこれからの自分がどういう関係を続けていけるかを考え、故人との関係の再構築が可能となるのである。

「死」を受け入れるためには、写真やビデオを見たり、形見分けをしたり、思い出話をすることなどが役立つ。また、声に出して叫ぶ、絵や詩、歌、人形ごっこやブロック、粘土遊びなど、さまざまな方法を通して、子どもが感情を思いっきり、自由に表現できるようにすることも大切である。

(3) 最終段階

最終段階では、子どもは故人を失った環境の中でも、自分の生活を続けていけるということを学ぶ。故人を失った痛みは少しずつ薄れ、新たな一歩を踏み出していけるようになる。ここでの課題は、(a) 故人を失った衝撃を乗り越え、新たな自分として一歩踏み出すこと、(b) 新しい人と出会い、関係を作っていくときに、故人を失ったように、またその人を失うのではないかということを恐れないこと、(c) 故人が心の中に生き続け、それが支えとなっていくこと、である。

最終段階といっても、気持ちは揺れ動くものであり、一度悲しみを乗り越えたかのように見えても、またつらい気持ちが思い返されたり、悲しみに打ちひしがれたりすることもある。単純に、この段階が終わったから次へとはいかないものである。また、日常の生活に戻りながらも、命日やふとしたときに故人を失った悲しみや苦痛に耐えていくことも必要となる。子どもは、外の世界に出て行くことは故人を忘れること、裏切ることのように感じる場合があるが、周囲の大人はそれを理解し、そのようなことはないと保障する必要がある。

さらに子どもの場合は、命日や成長発達段階の節目などに、新たな悲しみや怒り、混乱する気持ちをもつこともある。たとえば、自我の発達に伴い、今までわからなかった「死」の新しい面が見えてきて、急に恐怖感が強くなることがある。あるいは自分が進学や結婚など、人生の大きな決断をするときや、故人が死んだ年齢に自分が近づいてきたときなどに混乱することもある。そのようなときには、それはごくあたりまえであることを伝え、支える必要がある。(16)

時間は悲嘆のプロセスにはとても重要な要素であるが、人の手でコントロールできるようなものではない。何かをすれば早まるとか、時間を短縮できるというものではない。悲嘆のプロセスが終わったとされる一つの目安は、故人を思い出すときに、悲しみはあるが、それに苦痛な感じや悲惨な痛みが伴わなくなってきたときである。悲嘆のプロセスを終えても、故人を失った以前の状態に戻るわけではない。また、ある日は気持ちが楽になり、次の日には故人を思い出して心が締め付けられるというように一進一退の状況もある。しかしその中で、再び生きることに対しての興味が出てきて、希望をもち、喜びを経験し、新しい環境と役割に適応していくときに、悲嘆のプロセスは終わっていくのである。

六　親を亡くした子ども

子どもの経験する「死」にもさまざまケースがあり、それぞれのケースによって子どもを支えるために必要なことが違う(17)。その中でもとくに親を失った場合は、他のケースと比べて、その影響は大きく、悲しみ、つらさもいっそう強い。子どもの不安感は大きく、親の死に対して責任を感じやすく、自分も同じように死んでしまうのではないかという不安も他の場合と比べて強くなる。

さらに、本来子どもを一番支えることができるのは家族であるが、残されているもう一人の親自身もショックと悲しみの中にいながら、同時に子どものケアをしなければならないという難しい立場に立たされる。このため、自分自身のことで精一杯で、子どものことまで手が回らない場合も多い。とくに社会的なサポートが少ない家庭の場合は、要注意である。さらに、子どもの悲嘆について家族の理解が不十分であったり、対応が不適切である場合もある。家族自身が自分の悲嘆感情に気づき、湧き起こってくるさまざまな感情を表現したり話したりできる場があることも大切である。そのような支えがなければ、子どものニーズに十分に答えていくことはできない(18)。また、配偶者の死から派生してくる現実的な問題、たとえば遺産相続や収入の確保、住居の問題などに対応しなければならず、子どものことは後回しになっている場合もある。家族の働き手であった人を失ったのであれば経済的にどうするか、子育てや家事の担い手を失ったのであれば今後誰が子育てや家事をするのか、など日々の生活の問題が出てくる。そうなると生活基盤は不安定になり、子どもはその不安から勉強に集中できなかったり、友人関係もうまくいかなくなったりすることもある(19)。

親を亡くした子どものケアで大切なことは、親の死は子どもとは無関係で、同じように子ども自身が死ぬということではないこと、あるいは親の死に対して責任を感じる必要はないことを明確にしておくことである。また、子どもにとっては自分の生活の基盤が大きく揺るがされているのだから、家族の将来やもう一人の親の死についても不安に思っていることも多い。その場合には安心と保障を与えることが大切である。

子どもがどうやって悲しみを乗り越えていくかは、周囲の大人のサポートと、お互いに助け合う姿勢があるかどうかによって大きく違う。周囲の大人が子どもに対して、悲しんでいいこと、そして故人がその子のことを本当に愛していたことをしっかりと伝えれば、子どもはそれだけ早く立ち直ることができるだろう。また子どもにとってできるだけ安定した環境が必要であるから、今の環境を大きく変えないですむならばそのほうがよい(20)。

七　悠子のケース

父親の死は、悠子の家族に大きな影響を与えていたにもかかわらず、そのことは家族内で話題になることもなかった。母親は隠しているつもりはなく、本人が聞いてくれれば話をしてもいいが、本人が触れないのならばあえて言う必要もないと思っていた。

そこで、悠子の面接のときに「父親の死」を話題に取り上げた。すると、本人の口から「何でお父さんが死んだのかわからないんだよね。お母さんに聞きたいけど、いまさら聞きづらいし、なんだか怖い。自分もだけど、家族の誰かが急に死んだらどうしようって時々不安になる」という言葉が出た。父親が死んだあの日に、悠子の一部はとどまったままだったのである。

母親との面接の中では、父親と同じ行動をしている悠子の姿が浮かび上がってきた。父親がいつも座っていた席に座り、学校に行かない日は父親が休日にしていたようにTVを見てボーっと過ごす。もともと、小さいころから父親似だと言われてきたが、下の子たちを叱っている口ぶりは父親そっくりだという。

そこで「もしかしたら悠子さんは『父親代わり』になって、家族を支えようとしているのかもしれませんね」と言うと、母親ははっとした表情になり「そうかもしれませんね」と答える。また父親の死因に対する疑問や不安感、家族が同じように死んでしまったらどうしようという不安感が、家を空けることへの不安感につながり、不登校という状況をもたらしているのではないかという仮説を母親に話すと、それはわかる気がすると言った。しかし、「父親が亡くなったのは一年前で、今までは元気だったのに、なぜ今ごろなのか」と言うので、多くの場合、大切な人が亡くなった直後は緊張感やがんばろうという気持ちが強く、普通に生活していくが、しばらくして緊張が途切れたり、がんばりが続かなくなったころに問題が出てきやすくなることを伝えた。

その後、折を見て母親から悠子に、父親の病気のことや病院での様子などを話してもらい、悠子の不安感を少しでも軽減してもらえるようお願いした。また、母親としては本人を頼ってしまう気持ちはあるだろうが、今は彼女がしっかりと子どもに戻ることが大切なので、弟や妹を叱ったり、面倒を見なくていいよと言ってもらうことにした。母親は、悠子に、父親の病気が何であったのか、そして入院後まもなく意識がなくなったので、ほとんど苦しまずに息を引き取ったことなどを話して聞かせた。悠子は「苦しくなかったんだ。よかった」とだけ言ったという。

しばらくして悠子の表情も明るくなり、クラスに戻りたいとの気持ちが出てきたので、適応指導教室から学校の相談室登校に切り替え、出られそうな授業のときにクラスに行くことにした。卒業まで、クラスで丸一日を過ごすことはできなかったが、学校を休むことはほとんどなく、修学旅行にも参加した。また、勉強もがんばり、無事に高校合格を果たし、現在はごく普通に楽しい高校生活を送っている。

考　察

悠子の場合、石井千賀子の言うところの「心配無用児タイプ」であった。亡くなった父親に代わって妹と弟の面倒を見て、母親を支え、一家の大黒柱としての役を担おうとしたのではないかと考えられた。しかし、それは相当な負担であり、加えて父親の死に関してきちんと説明がなされておらず、そのことも本人の不安をかきたてる要因であった。このような状況の中で、中学に上がるという環境の変化に適応しきれず、不登校という形で問題が噴出してきたと考えられた。

そこで、母親にきちんと父親の死について話すことを勧め、「父親代わり」の役目を軽減する働きかけを行った。また、悠子には自分の感情を素直に出していいことを伝え、絵を書く、日記をつけるなどの方法で、自己表現するように勧めた。悠子が父親の死を正しく理解し、受け止め、自分の気持ちも出せるようになったとき、学校生活も好転していったのである。

結局この親子と面接をしたのは二年半であったが、父親の死についての話は、面接が始まって半年間だけあった。その後の面接では、話題が日常生活のほうに移っていったが、自然な形で父親の思い出が語られようになった。興味深かったのは、それまで家族で毎週行っていたお墓参りが月に一回になり、時には悠子が友達との約束を優先させて、お墓参りについていかなかったというエピソードも語られたことである。悠子とのカウンセリングは、グリーフケアのための面接ではなかったが、結果的にこの家族のグリーフワークを見守るような形になった。

八　まとめ

子どもは、発達成長過程によって死の理解の仕方が違う。したがって子どもが示す悲嘆反応もさまざまであるし、子どものニーズもさまざまである。「親の死」は子どもにとって、非常に重くのしかかってくる経験ではあるが、子どもの必要に応じた適切なケアがなされ、子どもがその悲しみを乗り越え、新しい歩みを一歩ずつ踏み出していってほしいと強く願うものである。

注

（1）Nagy, M., "The child's theories concerning death", *Journal of Genetic Psychology*, 73, 1948, pp. 3-27.
Koocher, G., "Childhood, death and cognitive development", *Developmental Psychology*, 9, 1973, pp. 369-375.
Kane, B., "Children's concepts of death", *Journal of Genetic Psychology*, 134, 1979, pp. 141-153.

Orbach, I. & Glaubman, H., "Children's perception of death as a defensive process", *Journal of Abnormal Psychology*, 88, 1979, pp. 671-674.
Weininger, O., "Young children's concept of dying and dead", *Psychological Report*, 44, 1979, pp. 395-407.

(2) Childers, P. & Wimmer, M., "The concept of death in early childhood", *Child Development*, 42, 1971, pp. 1299-1301.

(3) 兵庫・生と死を考える会「生と死の教育」研究会『幼児・児童の死生観についての発達段階に関する意識調査』（財）21世紀ヒューマンケア研究機構平成15年度女性研究報告、二〇〇四年。

(4) 稲村博「死への準備教育の場とそのあり方　小学校教育」、A・デーケン編著『死を教える』メヂカルフレンド社、一九八六年、八三-九六頁。

(5) Schaefer, D. & Lyones, C., *How do we tell the children? : Helping children understand and cope when someone dies*, New York, Newmarket Press, 1968.

(6) Grollman, E. A., *Talking about death: A dialog between parent and child*, Boston, Beacon Press, 1990.（アール・A・グロルマン『死ぬってどういうこと？——子どもに「死」を語るとき』重兼裕子訳、春秋社、一九九九年。）

(7) Christ, G. H., Siegle, K. & Mesagno, F. P., "A preventive intervention program for bereaved children : Problems of Implementation", *American Journal of Orthopsychiatry*, 61(2), 1991, pp. 168-178.

(8) Grollman, *op.cit.*

(9) 石井千賀子「遺された家族へのケア」『現代のエスプリ』455、至文堂、二〇〇五年、八七-九七頁。

(10) White, E., Elsom, B. & Prawat, R., "Children's conception of death", *Child Development*, 49, 1978, pp. 307-310.

(11) Salladay, S. A. & Royal, M. E., "Children and death : Guidelines for Grief Work", *Child Psychiatry and Human Development*, 11(4), 1981, pp. 203-212.

(12) J・W・ウォーデン『グリーフカウンセリング——悲しみを癒すためのハンドブック』鳴澤實監訳、大学専任カウンセラー会訳、川島書店、一九九三年。

(13) 平山正実『死生学とはなにか』日本評論社、一九九四年。

(14) ウォーデン、前掲書。

(15) Baker, J.E., Sedney, M. A. & Gross, E., Psychological tasks for bereaved children, *American Journal of Orthopsychiatry*, 62(1), January, 1992, pp. 105-116.

Warmbród, M. E. T., Counseling bereaved children : Stages in the process, *Social Casework : The Journal of Contemporary Social Work*, 67(6), June, 1986, pp. 351-358.

(16) Johnson, P. A. & Rosenblatt, P. C., Grief following childhood loss of a parent, *American Journal of Psychotherapy*, 35, 1981, pp. 419-425.

(17) Schaefer, D. & Lyones, C., *op.cit.*

(18) Siegle, K., Mesagno, F. P. & Christ, G., A prevention program for bereaved children, *American Journal of Orthopsychiatry*, 60(2), 1990, pp. 168-175.

(19) 西田正弘「自死遺児へのケア」『現代のエスプリ』455、至文堂、二〇〇五年、九八-一〇六頁。

(20) ウォーデン、前掲書。

子どもを喪った遺族に対するグリーフケア
——先天性心疾患で子どもを亡くした親の悲嘆体験からの考察——

宗村　弥生

一　はじめに

戦後医療水準の向上に伴い、乳幼児死亡率が著しく低くなった現在の日本においては「子どもは親より先に死なない」というのが一般的である。しかし、治せない病気や事故などで不幸にも先に子どもが亡くなってしまうことがある。

筆者は、生まれながらに心臓に疾患をもった子どもの病棟に看護師として勤務していた。先天性心疾患の治療は近年めざましい進歩をとげている。しかし、手術することができないほどの重症な子ども、手術ができても回復せずに亡くなる子ども、心臓病に伴う合併症で突然死をする子どもなど、さまざまな子どもの死と出会った。子どもの死は、闘い半ばで敗れてしまったような、医療者としても無念さのみが残った。子どもの場合、治療を子どもの代わりに親が決断していかなくてはならないという意志決定の代行や、生まれつきの疾患ということからも、親のもつ後悔や罪悪感は大きいと思われる。それだけに、子どもを亡くした親の悲嘆からの回復のために何らかの支援が望まれる。

子どもを亡くした親への支援を考えるには、これまでに明らかにされていなかった先天性心疾患で子どもを亡くした親が、その子どもが生まれてから亡くなるまでの体験を知ることが必要である。親の体験を明らかにすることで、先天性心疾患で子どもを亡くした家族への援助について示唆を得るために研究に取り組んだ。

二　研究の背景

(1)　先天性心疾患とは

先天性心疾患とは、心臓に奇形をもって生まれてくる疾患である。重症例のほとんどが、新生児から乳児期までに診断されるが、最近では出生前に発見されるケースも増えている。治療の必要のない軽症例から、手術が困難な重症例など、その後の治療や経過はさまざまである。心疾患でも病態によって手術の方法や予後は異なるが、重症な先天性心疾患の自然予後はきわめて悪く、治療は手術によるものがほとんどである。心臓手術の多くは心臓を止めて行うものであり、まさに生命に直結した手術となる。一回の手術で根治でき、その後は運動制限もなく健康な子どもと変わりなく成長していく例が多くある一方、何回も姑息的な手術を繰り返した後にやっと根治術にたどり着くという例、また、手術さえできない場合もある。

疾患にもよるが、子どもは治療が終わり、体調が落ち着くと退院し、生活の中心の場は家庭となる。家庭で生活し、定期的な通院を続けながら成長していく。

先天性心疾患の子どもの死は、ターミナル期を経て亡くなるというより手術に伴う合併症で亡くなったり、不整脈など突然の発作で突然亡くなるといった場合も多い。

(2) 子どもを喪うことについてのこれまでの研究

一般に子どもを喪った親の気持ちは、他の家族を喪った時とはまた別の悲しみがあるといわれている。

ランド(Rando)[1]は、「家族の死は家族の均衡に大きな変化をもたらす。とりわけ、逆縁と言われる子どもの死は、家族に大きな混乱と悲しみを与える。先進国では子どもの死はまれなことであり、当然子どもは親より長生きするものだと考えられている。親は子どもが成長し、子孫繁栄させていくことを期待しているが、子どもの死はそういった親の普通の人生設計を崩壊させる。子どもの死により、親の未来への希望や望みは全て絶たれてしまう」と述べ、親にみられる独特の要因として「子どもを守れなかったという基本的な親役割の失敗感、子どもは死んだのに自分はまだ生きていることへの罪悪感がある。その上、社会的な非難を経験しやすく、他の親との間で親役割を放棄したという感情や、社会的なサポートがないと感じることが多い。このように、子どもを亡くした親は、他の家族を亡くした時とは別の悲嘆をたどることになる」述べている。

子どもを亡くした親の悲嘆からの立ち直りの方法として、亡くなった子どもをその後の人生に意味づけ、亡くなった子どもとのスピリチュアルな関係を築いていくことに焦点をあてた研究もされてきた。

ウィーラー(Wheeler)[2]は、子どもを亡くした親に、死によって経験したことと、死後の人生の意味について調査を行った。その結果、「子どもの死後、親は『どうして?』『なぜ?』という問いに答えを見つけようとし、死の意味やその後の自分たちの人生の意味を見いだそうとしているが、これが親の再び歩もうとする重要な過程になっている。ゆえに親自身が意味づけする過程を支持していけるような悲嘆援助が重要」だと述べている。

子どもを亡くした親の研究は、最近日本でも行われるようになってきた。看護の立場では、亡くなった後に親を訪問し親の悲嘆反応を調査した研究[3]や、小児がんで子どもを亡くした親の悲嘆を研究をし、同時にサポートグループで死別した母親の支援を続けている戈木の研究[4]などがある。

戈木[5]は、「悲嘆からの立ち直りにおいて、親は子どもの人生を意味づけ、子どもの死という不条理な体験を納得できるストーリー作りをしており、その作業は悲嘆からの踏み出しに必要だ」と述べている。また「このような場合、例えばターミナルの場面では看護師の働きかけ次第で親のストーリー作りの困難さは変化しうる」ことを示唆している。

三　研究の概要

先天性心疾患で子どもを亡くした体験を「語ってもよい」と思えるようになっている家族に研究の主旨を説明した上で協力していただいた。インタビューの前に、お子さんを亡くしたという辛い経験を語っていただくにあたり、答えたくないことには答えなくてもよいこと、研究協力に同意した後でも、研究参加への中止は可能であること、プライバシーの配慮について説明した。

インタビューでは、子どもの誕生から最初の診断を受けた時のこと、育てている時のこと、亡くなるまでの経過、亡くなった後の気持ち、亡くなった子どもへの思いなどを中心に自由に語っていただいた。自由に語っていただいたのは、出てきた内容に偏りが生じる可能性はあるものの、親が「語りたい、語ってもよい」と思ったことに、重要な意味があると考えたからである。

インタビューは許可をとって録音し、逐語録に起こした。協力者が希望した場合は、逐語録を渡して内容を確認していただいた。

「親が病気の子どもをどのように思い、育ててきたか」「亡くなった後、どのように子どものことを思い、行動していたか」についての言葉を語りの中から抽出し、共通して出てきたことを分析した。今回はその一部について述べる。

四　結果および考察

研究に協力してくださったのは、五家族七名であった。亡くなったときの子どもの年齢は二歳から十一歳、亡くなってから現在までの期間は一年二カ月から八年であった。インタビューの回数は一名につき一～三回、一回のインタビュー平均時間は一時間三十二分であった。協力者のご自宅で話を聞かせていただいた。

(1)　診断されてから亡くなるまでの体験

受け入れがたい診断

親たちはなじみのない心臓病という病気を聞いた時には、予後の悪い病気としかイメージがなく、その診断をすぐには受け入れられない思いでいた。「本当にショックで信じられなくて」「もう目の前が真っ白で、何をどうしていいのか」「どうして心臓が悪く生まれたんだろう」「はじめて聞く病名で、本当に何が何だかわからなくって」

「毎日ただ病院に行って、子どもを見てボーって座っていた。自分の中でどうやって事実を受け入れていくかに時間を要していた」という。

診断を受けた直後、「日記に『ごめんなさい。健康な体に産んであげられなくって』って書いてました」「病気に生んでしまったこと自体が本当に申し訳なくって……」「母親なのに具合の悪い時に気づいてあげられなかった」「あの時、この時も具合の悪いことを訴えていたのに気づかなかった」ことに罪悪感をもっている親もいた。

希望をもつ

それでも毎日子どもが必死に生きようとしている姿や医師の言葉から、前向きに解釈をし、希望をもつようになっていった。

人柄ともに信頼できる医師に出会ったことを「この子は心臓病だけどひょっとしたらついている、運のいい子かもしれない」と解釈し、主治医から同じ病気で中学生になっている子どもがいることを聞かされ「この子ももしかしたら中学生になれるかもしれないと気持ちが切り替わっていった」という。

また、病院でミルクを求めて泣くわが子を見て「生命力のある子だな。心臓はこんなでも」と希望を感じた親もいた。

一歳までしか生きられないと言われていた親は、子どもが一歳になったときには「もしかしたらもっと生きられるかもしれない」「一歳まで生きられたから今度は二歳、二歳まで生きられたからもっと生きられるかな」と思うようにしていたという。

子どもの命を必死に守る

退院後、自宅では、子どもの体調中心の生活になった。心臓病の子どもにとって風邪などの感染症は命取りとなるので、どの親も風邪をひかさないように細心の注意を払っていた。人ごみで風邪がうつるといけないからと、外出を控えたり、自分たちが風邪をもらってもいけないと、結婚式や同窓会さえも欠席した親もいた。汗が冷えて風邪をひくからと、夜中に二～三回着替えをさせている親もいた。風邪をひいた下の子どもを祖父母のもとに預けて隔離したり、外出先で鼻を垂らしている子どもを見たら逃げるように帰ってきたこともある。子どもの体調が悪いときには「うっ血性の心不全で、どうしても横にするとすごく咳が出ちゃうんですよ。だから風邪をきっかけに熱が出て咳が出てというふうになるともう、かみさんと二人で夜中じゅう抱っこして……」と夫婦で寝ずに子どもの看病をしていた親もいた。

泣くと発作を起こしやすい子どもの親は、子どもが一度泣き始めると、夜中じゅう抱っこして過ごした。生後一カ月で退院し、次の手術を受ける半年後まで、抱っこと泣きやませるために夫が作った唄を歌って子どもの機嫌をとりながら過ごしたが「こんな生活嫌って思ったことは一度もないです。とにかく命を助けようとか、生きていて欲しいというか、その一心でした」と語った。

また、健康な上の子だったら大丈夫、大丈夫で過ごしていたことも「頭打ったんですけど」と病院に電話した親もいた。この親も子どもが、発作を頻回に起こすようになり、子どもを夜中じゅう抱いて過ごし、何かあった時にすぐ対応できるように眼鏡をつけたまま眠るようにしていたという。しかし「この子がいるために自由が奪われると思ったことは一度もなかった」と語った。

一喜一憂する

成長の中で、子どもは具合が悪くなったり回復したりを繰り返していた。

定期的な外来診察の時には「その日に『ちょっと、あんまり』みたいなことを言われると落ち込んで、ちょっといいことを言われると足取りが軽くなって」帰ってきた。

「検診の度に『調子いいね。この調子でいくといいね』って。だけど、ところどころに『三年生か四年生になったときにがくがくっと来るかもしれないね』って。そのたびに落とされるんです」など、子どもの体調と主治医の言葉に一喜一憂していた。

子どもたちは日々、親たちに成長を見せた。生まれてから半年間入院したのちやっと退院できた子どもの親は「(励みになったのは)やはり成長ですかね。あんなに呼吸器つけてがんばっていて、最初は歩けないんじゃないかと思ったけど、二歳で伝い歩きしてから歩くのがすぐだったんですね。そういうのを見ていると嬉しくて。……(三回目の)手術が終わってからすごく元気になったので嬉しかったですね。幼稚園のお遊び会みたいなものも行けないと思っていたのに行けたし、旅行に行けないと思っていたのに、行けるようになったし、毎日が嬉しかった」。

一歳まで生きられないと言われた絶望の中でも「親はこの子が死んだらどうしようと思うんですけど、子どもを見ていたら生きることに精一杯で、それを見ていたら、自分もがんばらなきゃなあと」。細心の注意を払いながらの生活も「そうやって過ごしていても、楽しみって出てくるんですよ。子どもは成長するじゃないですか」。そういう一つひとつが嬉しくて……」と子どもの成長に気持ちがあと押しされていた。

一日を大切に生きる

外出できない子どもが家でも楽しめるように、家庭菜園を作ったり幼稚園のような遊具を配置するなどの工夫をし、「明日が楽しみ、と思えて眠りにつけるようにって。『明日、○○しようね』って話しながら眠った」という親、「楽しいことは何でもさせてやりたいと思いました。いつ何が起こるかわからない、というのがありましたから」

とテーマパークや旅行にできるだけ連れて行ったという親もいた。

「入院している最中に先生が『明日を考えないように、一歩一歩階段を上がるように』って言ってくれたおかげで、その日を生きるというか、その積み重ねで明日があると思うようになりました」と語った親もいた。

最後の入院まで比較的元気に過ごせた子どもの親は、日常では子どもの心臓が悪いことさえ忘れがちだったが、それでも心の片隅にはいつも死のことがあったという。「一日一日がものすごい大事。だから楽しく過ごしたいんですよ。生き生きとね」と語った。

手術をすれば元気になれると言われていた子どもの親も「心臓病なんですから、どこかにそういう（死）思いがありましたね。元気でいるときは忘れてしまうこともありますけど。だからできるだけ楽しくと思って、あの子中心の生活をしていました」。

それぞれ生まれてからの経過や予後は違っていても、すべての親が「いつか何か起こるかもしれない」と思い一日を大切にして子どもとの生活をしていた。

「がんばって」から「よくがんばったね」に

あるご夫妻の子どもは、不整脈発作の後、意識が低下した。何度かの発作の後、脳波に反応がみられない状態に陥ったが、刺激をすれば何か変わるのではないかとさすったり、励ますことを約一ヵ月間続けた。しかし三回目の発作の時には「そういう状態で生きているのもかわいそうだったので『もう、いいよ』って」。父親は、不整脈発作を止めるための除細動器のために子どもの皮膚が赤くなっているのを見て、「そこまで何回も繰り返して戻ってくるのもかわいそうかなという気持ちもあったんですよ。そういう思いがあって、最後には『よくがんばったね』とそういうふうに……」思えたという。

子どもの呼吸が止まった時に、人工呼吸器をつけるかどうかについて何度も主治医と話し合ったのち、その時には静かに看取りたいと希望を伝えていた親がいた。だが、実際に最後の発作が起きた時には、蘇生処置を求めて抱いていた子どもを咄嗟にベッドに置いた。医師たちが蘇生のための処置をしている間は子どもの手を握り「○ちゃん、死んだらだめよ」と声をかけ続けた。子どもはすでに蘇生処置に反応を示さない状態になっていたが「お父さんが来るまでは」と若い医師が心臓マッサージを懸命に続けてくれる姿を見て「先生、もういいです。ありがとうございました」という言葉が口から出た。発作が起きた日の朝にはじめて「かわいそうってこういうことを言うんだ。本当にこんなに苦しい思いをしてかわいそうだな。もういいよっては口では言わなかったんです。伝わっちゃうと思ったから。でも気持ちの中では『もうがんばらなくてもいいからね』と思ったその日に亡くなったんです」と語った。

手術の直後から危篤状態に陥っていた子どもの親は、夫婦で「子どもががんばっているのについていることしかできない。逃げちゃいけない」と亡くなるまでの四日間集中治療室で子どものそばに付き添っていた。亡くなる日、血圧や心拍が落ちたため医師たちが蘇生を行うのを見て「もうやめてくれって言ったんです。主人ともういいって。あんなに頑張ったんだから。先生たちが一生懸命やってくれているのはわかったんですけど、もう触らないでと思ったんです」という。「このまま楽にしてあげた方がいいのかなあと思っちゃったんですよ。今思えばね、そんなこと思ってたから、亡くなっちゃったのかなあと思ったりしたんですけど」と語った。

心不全からくる呼吸困難や全身がむくみ、どうしようもないだるさに苦しむ子どもにずっと付き添っていた親は「真綿で首を絞められるようにつらかった」。そして、日記に「もう勘弁してほしいな」「もう命の長さはなくてもいいなあ」「楽にしてやってほしい」と書いたという。

このように、子どもの死をどこかで心にかけながらも一日一日を大切に大事に子どもを育てた親たちは、最期の時が来ても希望をもち「何とかしたい」と必死に手を尽くしていた。それでも、子どもの姿を見てよく頑張った子どもを認め最後に「もういいよ」という思いにいたっていた。

親たちは命にかかわる病気である心疾患と診断された時に「いつか子どもを喪ってしまうかもしれない」最初の悲嘆を経験していた。しかしその後は、日々成長していく子どもの姿にあと押しされるように悲嘆からの立ち直りをしていった。それは、死を受容する過程ではなく、病気をもつ子どもとともに生活していくことへの順応過程であった。この育児期間は、時には死を意識することはあっても、子どもを喪うかもしれない悲嘆の期間ではなかった。常に生へのあきらめはなく、その子なりの成長を見せる子どもに希望をもって育てていた。

(2) 子どもの死から現在まで

亡くなった直後、親たちはどのような思いで過ごし、亡くした子どもを思い、亡くなった子どもとの新しい関係を作り上げていったのだろうか。

原因を確認する

治療が遅れたために子どもの病状が悪化したと、病院に行って抗議した親がいた。その後、病院を訴えようとカルテや資料を取り寄せた。「何で、亡くなったのがうちの子なんだ」「とにかく悔しくて」と、怒りの気持ちを語った。

病院を信頼しながらも、「なぜ亡くなったのか」を確認している親もいた。

父親が来るまでと懸命に心臓マッサージを続けてくれた医師に感謝して「もういいです」と言った母親も、子どもの死の直後、病棟に何度も電話して亡くなった時の状況を医師に確認していた。「(最後の処置の時に)ずっとそばにいたんだけど、何の薬を使って、なんて見る余裕がなかったじゃないですか。こんなこと言うのはすごく嫌なんだけど、もしかしたらあの時に何か間違えがあったとしたら、とか思っちゃったんですよ、一瞬。そんなことはないと思うんだけど。でももしかしたらと思って聞いたのかもしれない」と語った。主治医は電話の度に丁寧に質問に答えてくれたという。さらに、子どもの病理解剖を承諾したが、その解剖結果に書いてあったことを調べに国会図書館まで行っている。「調べてみてもなかなかよくわからないのが本当のところで、先生はちゃんと説明してくださったんだけど……」。

病理解剖に関しては子どもの体にメスを入れるのは忍びなかったが「納得っていうか、ああそういう心臓だったんだねって思えるから。焼いてしまったら、何もかも。結局は、焼いてしまうから」と思い承諾した親もいた。その後、解剖の結果はなかなか出ず、直後に簡単に説明された後は、こちらから催促するまで連絡がなかったことが残念だったという。

このように病院に不信感をもっている親だけでなく、もっていなかった親でも確認行為をしていた。このような行動はウィーラー(6)が言うように、「どうして、なぜという問いに答えを見つけ、死の意味やその後の自分たちの人生に意味を見いだそうとする重要な過程」であったと思われる。

悔やむ

手術後に子どもを亡くした親は手術を選んだことを後悔していた。また他の親たちも「毎日子どもに謝っていいます。私が一番そばにいながら、先生にもっと言えればよかったって」「あそこでベットに上に置かなければ、私の腕の中で抱いたまま死ねたかもしれない」「病気で生んでしまったことで短い人生で終わってしまったことで自分を責めていた」など、それぞれの後悔をもっていた。治療に関する後悔だけでなく、子どもが楽しみにしていたクッキー作りを一緒にできなかったことなど日常生活でやり残したことへの後悔も語られた。

空虚な気持ち

必死に守っていた子どもの育児がなくなり、空虚な気持ちにかられていた。葬儀などで忙しいときはそちらを運ぶために何とか動いていたが、その後悲しみが急に強くなったという。「今まで毎日病院に通っていたものがなくなっちゃったし、あの子のためにすることがなくなっちゃってなんかぽかーんとしちゃって」。病院に泊まり込んで臨終の日まで子どもの看病を続けた親は、夜中に子どもの様子を見ながら、体をさすりながらときれときれに眠る癖がついていたので、亡くなってからもそのようにしか眠れなかったという。その浅い眠りの中で「いつもね、ここで寝ていたのにいないんだなって気づくの。その時にまた空虚感。苦しんだね」と語った。

泣き暮らす

子どもを亡くし、涙が出て仕方がなかった。「遺影を見ては泣き、お風呂に入っても子どもと歌った唄を思い出しては泣いていました。実家の母に電話をし『生きていてもしょうがない。死にたい』って言ってばかり」。またある父親は「こんな気持ちになるために生まれてきたのかなって思うくらい辛くて、生きていることが辛くて身の置き所がなかった」。

「もう、死んでしまいたいと思っていました。毎日泣いてばかりいました」。この母親は子どもを亡くしてから一年だが、現在でも波があり突然泣きたくなってしまうと言う。

父親も「夫婦で毎日死んじゃいたいと言っていました。人前では泣かないけれど、一人になると結構泣いていました」と言う。

周囲の流れとのギャップ

「何もしたくないし、でも時間が流れているし世の中が動いている」ことにギャップを感じている親もいた。「あの子がいてもいなくても、時間って過ぎて行っちゃうんだ。あの子がいてもいなくても同じ二十四時間で、何でこんなに気持ちが変わらなくてはいけないんだ」と虚しかった。さらに「あの子は私を必要としてくれたけど、(他の兄弟は）私がいてもいなくても誰かがいてくれたらやっていけるだろうし、私なんて誰も必要としてくれない」と思った親もいた。

子どもの葬儀を滞りなく行うために、悲しみにありながらも親はさまざまな段取りをしなくてはならない。「亡くなった後、お葬式をしたりとか煩わしいことを自分たちで手続きなどをやらなくてはいけなくて、それはものすごく煩わしくて、何で自分たちがこんなことをやらなくてはいけないんだろう、自分たちは悲しくてずっと泣いていたいのに」。「いろいろな方が来ているし、いろいろやることあったり、忙しいときはあれでしたけど。でもやりながらも、何で今こんなことやっているんだろうと考えました」。

子どもを亡くしてから、かつての仲間との温度差を感じた親もいる。健康な上の子どもの親たちと話している内容が「薄っぺらなこと」のように感じられるようになった人、生きている子どもの親との間に壁があり、何かかみ合わなくなったように感じた人もいた。

思い出からの回避

子どもとの思い出の場所を避けた親と、逆にあえて求めた親がいた。

子どもとの思い出がありすぎる自宅にいるのがつらく、なるべく二人で外に出るようにしていた。しかし、そこで家族連れを見かけると「うちもああなるはずだったのに」と悲しみがこみあげてきた。病院の医療スタッフに会うのもつらいという。闘病仲間の親と話すのも最初つらかったが、最近では相談を聞けるようになった。「それが、一年経って変わったところですね」。

また別の親は「子どもとパパとママと一緒という姿を見るのがつらいというか、うらやましいというか」。子どもの通っていた幼稚園の仲間のように母と子を見るのは平気だが、家族単位で見るのは八年経った今でもつらいという。また、医療関係のテレビドラマなどは、夫ともどもいまだに見ないという。

この二家族の子どもは手術の直後に亡くなり、病院に不信感があった。

子どもの痕跡を探す

逆に、子どもが闘病していた病院に行きたくてたまらなかった親たちがいた。「病院に行きたかった。僕らも確かに……、そこに行ってなんとなくここにいたよな、というような。ここにいた、というのが欲しかったし。自分たちもそことの関わりがあれば、何となく精神的に多少は楽になるというか、癒されるというのがありました」。夜、眠れなくて、病院の途中まで車で行ったこともある。「あの子がどこにいるのかなと、その痕跡みたいなもの、今あの子はどこにいるんだろうと一生懸命探っていた」という。

また、別の親は「とにかくすごく病院に行きたかったんです。自分の子どもの居場所を求めていたのかなあって」。亡くした後、闘病仲間のお見舞いをかねて病院を二回訪れた。子どもが通っていた幼稚園も訪れている。「私の場合は（亡くなった子どもと）同じ二歳の子の中にいたい。そうするとものすごく落ち着くし、優しい気持ちにもなれるし」と。子どもと出かけた場所を尋ね「あの時はこうだったなあ、ああだったな」と思い出す旅もしたという。

子どもが入院していた病棟に立ち寄ってみた、亡くしてから一年経った親は「この一年で、最後までかかわってくれた医療者の人と話がしたいという思いがものすごく強くて……。病棟に行ったらなんだか包み込まれるような気がした」。かかわってくれた看護師、医師、全員に会いたくそのような機会があればいいと思うが「現在生きている患者さんのことで手いっぱいだろうと思うから、行くのは迷惑だろう」とそれ以来は病院を訪れることを遠慮しているという。

子どもが亡くなった翌年から、子どもが通っていた幼稚園の手伝いを始めた親もいた。「これが遊んでいた自転車なんだとか、思い出があちこちにあって……」と嬉しく、思い出の場所はつらくなかったという。

かつての仲間とのつながり

場所だけではなく、医療者や、子どもを通して知り合った仲間の存在に励まされていた。

子どもが亡くなった後も主治医や幼稚園の先生とのつきあいを続けていた親は「先生（主治医）とのつながりも全部切れて、今までのものがなくなってしまっていたらもっと苦しかったかもしれないですね。先生とのつながりや、幼稚園の先生とのつながりがあったりする中で、あの子の痕跡というか、生きた証のようなものとか、共有していた人たちと話しをすることが救いだった気がします」と語った。

子どもの亡くなった後のクリスマスに、看護師からクリスマスカードが届いた親は「一緒に闘った看護婦さんが忘れないでいてくれるんだっていうのが、すごく励まされました」と今も大切にとってあるカードを見せてくれた。

子どもの通っていた幼稚園の母親仲間たちが亡くなった直後から毎日お昼にお弁当を持ってきて一緒に食べてくれたことに支えられた親もいた。八年経った今でも命日には必ず尋ねてくれることが嬉しいという。

このように思い出の場所や、生きていた子どもを知っている人とのつながりが癒しになっていた。親が子どもの思い出を共有できる人と話をすることは、子どもが亡くなるまでのことを繰り返し思い出し、子どもはもうここにはいないという事実を認めるグリーフワークになっていたのだろう。

サポートグループについての思い

近年、死別体験者が悲しみを分かち合う自助グループがあるが、今回ご協力いただいた家族のうち二家族が亡くした親の会に出席されていた。

あるご夫妻は毎日死にたいと思っていた時期に、先天性心疾患で子どもを亡くした親の会に誘われ、他の親たちの気持ちや、どのように過ごしているのか聞きたいと思い、夫婦で参加された。泣きながらも頑張って生きているという他の親たちの体験を聞いて、つらいのは自分たちだけではないというのがわかり、同じ立場の親に励ましてもらったことで私もがんばろうと言える気持ちになったという。

子どもを亡くした親の会に二回出席した親は、出席していたのは小児がんで亡くした親が多かったったために体験を聞いてもあまりぴんと来なかったが、その後、患者会の仲間で、亡くした親の集いに参加し「心臓病の場合は、病名を言われてもなんとなくわかるので共感できた」という。

一方、参加経験のない親にサポートグループへの思いを聞いてみた。

「亡くなり方にはいろいろあるので、それぞれの癒し方を聞いても自分の癒しにならない」と、グループには案内を取り寄せながらも参加せず、「ひたすら自分の思いを聞いてもらいたい」とカウンセリングに通ったという親がいた。

また、「集いが前向きになるための話し合いだったらよいが、病院の対応などマイナスな話題になるのだったら良くないのでは」との言葉があった。

「そのような会は亡くなったことを抜きにできない会ですから。そういう意味でもっと明るく生きたいので、これからお誘いいただいても行かないと思います」との言葉もあった。

このように、それぞれのニーズは違っていた。多様なサポートのあり方が求められる。

子どもは死後どうしているのか

死後の世界に関する本を読みあさり、亡くなった子どもがどういうところにいて何をしているのかの答えを本に求めた親がいた。本にあった言葉から「あの子のことはもう気にすることがないんだ」と思えるようになった。「今も夢に出ないということはきっと成仏している」と信じているという。悲しい体験を語って慰めあうだけではなく、このような疑問を話せるサポートグループがあればよいと語っていた。

また、ある親は、子どもを亡くした親の集いで知り合った人から送ってもらった本や絵本に慰められた。「この本を読むと、三歳以下で亡くなった子どもは無条件で天国に行けると書いてあって……。天国があって、そうであってほしい。……本当にあの子だったらああいう世界（天国）に行っていると思いますね」。

これまで密着して生活していた子どもが、はじめて自分たちの手を離れてどこかに行ってしまった。亡くなった後子どもの行方を心配していた親だったが「天国にいるに違いない」という子どもの位置が決まることが親の癒しになっているように思えた。

ほかにも、死の意味や生きることとは何かを探るためにたくさんの本を読んだ親がいた。このようなことは友人たちには話せなかった。「普通の人にとって死はタブーですよ。子どもが亡くなってから、人生が変わっちゃった。今まで付き合ってきた人たちと話しても何も楽しくないの。会話がものすごくつまらない。……（中略）より良く死ぬためにはどう生きるかって、その追求しかないな」と言う。

子どもが亡くなってから周囲の流れとのギャップや友人たちとの温度差を感じるなど、親は子どもを喪った空虚さの中で、価値観の変化を感じていた。この変化が子どものいない世界にどのような意味を見つけてこれから先の人生を過ごしていくのか模索するきっかけになったと考えられる。

仲間への還元

「あの子にももちろん与えてもらったものがたくさんあったから、それを少しずつ皆さんにも同じように分けてあげたいという気持ちが自分たちの中にはあるのだろうと思います」と語るご夫妻は、子どもが亡くなってから十一年がたつ現在も患者会の仕事を手伝ったり、病気の子どもの保育をされるなど精力的に活動されている。心臓病の子どもの笑顔を見るのが一番癒されるという。

三年たった親は、子どもを亡くした直後から他の子どもたちのために何かできないかと子どもが入院していた病院に電話をした。今も時間があったら、心臓病児の子どもの手伝いをしたいと思っている。

子どもを亡くしてから一年しかたっていない親は、「今はまだ同じ病気の子どもを見るのがつらいが、何年かたって、下の子の手が離れたら患者会で何か手伝いができたらと思うようになった。それが子どもを亡くして一年たって変わった気持ちだ」と言う。

心に残る医療者の姿

亡くなるまで意識のない状態が長く続いた子どもの親は、そのような状態でも今までと同じ子どものように接してくれ、話しかけてくれたこと、眼球が乾かないよう保護してくれるなど、最後まで子どもが生きていく上で困らないように配慮してくれた看護師たちに感謝していると語った。「二回目の発作の時にも先生方がチームを組んでくださって、必ず誰かがいるようにということで当直とかも順番決めてやってくださったんです。最後の最後までできることはすべてやっていただきました」。また、臨終を迎えた時にも医師や看護師が次々に部屋に来て、言葉を交わしてくれたこと、出棺の際には病棟が空っぽになるほど医師と看護師が見送りに来てくれたことを思い返していた。それまでも、何かあるとすぐ駆けつけてくれたり、子どもの苦痛を最小限にすることをいつも考えて治療にあたってくれた主治医との出会いが今もずっと支えになっていると言う。

ある親は、臨終の場面で泣いてくれた医師と看護師の姿が今の支えになっていた。子どもが赤ちゃんの時から亡くなるまでずっと見てくれた医師の治療方針を思い返してみると「あの子のことをよく考えて一番いい方法をとってくれたと思う」と語った。また、臨終直後に看護師と話をして、看護師と医師たちが子どもの性格を配慮し、みんなで気持ちをフォローして一生懸命やってくれたのだとわかったという。しかし、同時に、亡くなった後の医療者の行為に残念な思いももっていた。「死んだ後のフォローも病院出るまではきちんとやってほしいなって。生きていたらもっと看護婦さんもお医者さんも○ちゃん、○ちゃんってやるでしょ。死んだ途端に知らんぷりだもん。本当に誠心誠意やってくださって、死んだ途端に切り離される」。病院の斎室でも死体として扱われた気分になったという。その後、病棟で子どもが慕っていた担当看護師が病理解剖後のケアをしてくれ、葬儀にも出席してくれたことが救いだったという。

またある親は、緊急処置を行った最期の場面で、部屋から出されないで子どものそばにいさせてくれたために、手を握って言葉をかけ続けることができたことが嬉しかった。また、蘇生に反応しなくなっていた状態にもかかわらず「お父さんが来るまでは」と一生懸命心臓マッサージを長いあいだ続けてくれた若い医師の姿が今も忘れられず、感謝しているという。さらに子どもの病を最初に見つけた胎児エコーをしてくれた医師や出産まで励ましてくれた助産師、生まれてからかかわってくれた医師や看護師はすべてよくやってくれた、この医療者たちと出会った縁を大切にしていきたいと語った。

手術後に亡くなり手術を受けさせたことを後悔している親は、臨終の場面で、執刀した外科医ではなく、生まれてからずっと主治医であった小児科の医師たちが立ち会って代わる代わる心臓マッサージをしてくれたことや、それまでも子どもが泣きやむように父親自作の歌を覚えて歌いながら診察をしてくれたことなどを思い出し、感謝しているという。

どの親も心に残る医療者の行為について語ってくださった。納得のいかない最後だった親も医師とのよい思い出を振り返ろうとしていた。

自分に言い聞かせる

臨終時の子どもの苦しそうな様子を「どの道、死ぬときはみんな苦しいんだから……」と思うようにしていた親がいた。また、病理解剖後に体内に貯まっていた水分が抜けて戻ってきた子どもの姿を見て「(亡くなった)直後は目が上を向いて、紫にうっ血して苦しそうだったのが、(病理解剖から)帰ってきたら、にっこり笑った運動会の時の顔のように……。ズボンもはかせてもらって、こんなに(腹部が)膨れていたのが普通になって『解剖してもらって良かったねー』って」と解剖を承諾した自分を納得させていた親もいた。

亡くなるまで意識のない子どものそばに付き添って長い期間励まし続けた親は、苦しい期間を振り返り「あの一カ月間は、自分たちの気持ちを整理させてくれるために子どもがくれた時間だと思います」と語った。また、一歳までしか生きられないと言われていた子どもが六歳まで生きられたことを「そこ(一歳)から先は先生に頂いた命なのかなって思う」と語った。

発作が頻回になった子どもがかわいそうで、亡くなる日の朝「もういいよ」と心の中で声をかけた親は「(自分がもういいよと思ったことに対して）思いって通じるんだな。それできっとあの子は安心して『お母さんがこう思っているなら安心してあの世に』というふうに」と思い返していた。

納得のいかない死に医療裁判を考えていた親は、「今まで元気にしてくれたのも先生だったし……。本当に悪い先生じゃなかったんですよ。すごくかわいがってくれたし。そういうことを考えると、訴えるのはとどまったというか……裁判したところであの子は帰ってこないし」と今はそのような気持ちでいるという。

よく頑張った子ども

子どもが亡くなった後、健康に生まれた下の子どもの子育てをしてみて、心疾患の子どもの大変さをあらためて実感したという親がいた。「この子を生んでみて、ミルクをあげればこうやって元気にしているし（笑）、あの子は本当にがんばったなあって。元気な子を育ててみて、本当にそう思いますね」。

また別の親も「とくに心臓病児は呼吸すること自体大変であったりするので、一生懸命生きているんだなというのが見ていてもわかるし、……（中略）……『ああ、大変なんだな。四六時中マラソンしているんだ。この子は』っていうふうに思ってくると、生きるということが一生懸命でないと生きられない、普通の人が生活するより、ものすごく努力していく必要がある。それを見ていると、自分たちも普通に生きるというよりもうひとつ、一生懸命生きるということが考えられるんじゃないかと」。

子どもの病理解剖の直後、医師に頼んでわが子の心臓を見せてもらった親は「あー、これががんばってきた心臓なんだって」、手にとって抱きしめたいくらいの思いだったという。そして「あの子は生きていてくれるだけで価値があった」と何度も語った。亡くなって三年たった今もむなしさはあるが、「あれだけ生きられたことは奇跡的なことだ」といわれたくらい生きられたし、たった二年間だったけど、あの病状にしてはね」と悔いはないという。

子どもと生きた日々のすばらしさ

「こんなつらい思いをして、たった二年で死んじゃって、それで幸せだったのかなあってすごく思ってて……。だけど日がたつにつれて、私はあの子がいた二年間が一番幸せだと思って、それを長男に言ったら『○○がいた二年間が一番幸せだった』と言ってくれて、そういうふうな話しをしているとみんながこんなに幸せだったんだからあの子も幸せだったんだと思って」。

「今こうやって亡くなってみると、本当に強くそれを感じるというか。一秒一瞬たりともあの子といた時間が大事だったんだなって。亡くなっちゃった今、そう感じますね」。

「やっぱり子どもというのは大きいです。たとえば、私たちに最初からいなかったらまた違っていましたし。でもやっぱり六年間でも幸せだったから。六年間だけでもママになれて嬉しかった」。「精一杯やった、中身の濃い六年間だったと夫が言ってくれた」。

「死に顔もかわいく、みんなに見てもらいたかった」、「ひまわりだった、太陽みたいなものだった」、「妹に優しいお姉さんだった」など、どの親も子どもの生前のエピソードを楽しそうに語り、自慢の子どもだったと回想していた。

このように親たちは、子どもと過ごした期間をすばらしい日々だったと振り返っていた。不快なつらい思い出になる最期の状況さえも、「整理するために子どもがくれた時間」「解剖してきれいな顔になった」「悪い医師ではなかった」など、自分が納得できるように意味づけ、ポジティブな思い出に変えていた。ポジティブな思い出に変えるには、ターミナル期の場面だけでなく、子どもの生命を必死に守りながら、日々楽しく過ごせるように工夫してきた育児期間が土台となっていた。

再会を楽しみに生きていく

亡くしてから十一年たった父親は、毎日お線香をあげながら、亡くなった子どもと一緒にいることを実感しているという。「だから、変な人生送れないというか。しっかりとした、一生懸命やっているという良いところを見てもらいたいと。今は会話はできないけれど、おそらく自分に何かあったときに、あの子に会って『こういう人生だったと。お父さん、一生懸命やってきたよ』って」。

母親は「自分たちが死んでそういうところに行った時に必ず会えると思うし。だから、またあの子に会った時に『お父さんとお母さんはこういうふうに○ちゃんが亡くなってから生きてきたんだよ』って話せるように、自分も一生懸命生きていきたい」。

亡くなってしばらくの間、夫婦で死ぬことばかり考えていたという父親は「(妻より)僕のほうが早く逝くだろうから、あの子に会えるのは楽しみですね」。母親はそれを聞いて「私も会えるようにがんばらなきゃ。あの子のところに行くには、やっぱり一生懸命がんばって生きないといけない、きっと会いに行けないだろうなと今は思っています」。

実家の母親に「死んでしまいたい」と話していた親は「自分から命を絶つことがあったらあの子に会えないから、それだけはできない」と思っていたという。

子どもとの再会についてはインタビューの質問にあったのではないのだが、このようにほぼ全員の親が、子どもとあの世で再会について語った。

いつまでも忘れたくない

子どもを亡くすというつらい経験を親たちはどのように記憶に残しておくのだろうか。このことについても、インタビューの中で自然に出てきた話題であり親たちの共通した語りの中に「忘れたくない」という言葉があった。「時間をかけて忘れるということではなく、忘れることが怖いんですよ。あの子のことを忘れるのが怖い。自分が死ぬ時に、あの子が死んだときに抱いた感触を残しておきたい」。

子どもが亡くなった直後、子どもの声を一時的に思い出せないことがあったという母親がいた。「私が一番あの子に接している時間が多かったのに、『うそー、何で私が思い出せないの?』って思って。あれって焦っちゃって、焦りと悲しさ。こうやって忘れていっちゃうのかなって。それで急いでビデオ見たんです」。亡くして三年たった今、子どもが生前に食べていたものをだんだん思い出せなくなる時がある。「まだ、三年なんだけど、こういうふうにして、悲しさも嬉しさも忘れていくから、悲しみもだんだんに薄らいでいくのかなって。でもそれって嬉しいようで悲しいような複雑な気持ちです」。

病院関係者などから忘れないでいてもらえることは、子どもが存在していた証がなくならないようで一番嬉しいと話す母親もいた。また、「死んでしまったら終わりというのが普通一般的なんですけど、違うんじゃないかなって。いろんなメッセージを送ってくれているというか。いつまでも忘れずに思っていますね」と語った。

亡くしてからまだ一年しかたっていない母親は「やっぱりつらいけど、忘れたくないですからね。思い出すことも……アルバムを見ることもつらいんですけど、でも見なくちゃって。泣きながらでも見なきゃって」。

そのような時を経て、親たちは今まで探し求めていた子どもの痕跡を自然に感じるようになっていた。下の子どもを連れて遊園地に行ったとき、亡くなった子どもも一緒に来ている気がした父親、庭から入ってきたバッタが逃げないで夫にくっついて離れないときに、子どもがバッタになって入ってきたと感じた母親もいた。

インタビューの最後にすべての方に「お子さんは今どのあたりにいると思うか」という質問をすると次のような

言葉が返ってきた。

「いつも見守っていてくれる気がするんですよね」。

「大切な時には必ずいるんじゃないかという……。あの子はひとりだから、あっちに行ったりこっちに行ったり、忙しいんだろうなって」。

「すぐこの辺にいて、いつも見ている気がするし、時には長男の学校に行ったり、次男の学校に行ったり、お父さんのところとかおじいちゃんのところに行ったりとか、いろんなところに行っているんだろうなって」。

五　親の体験からみた医療のあり方への示唆

亡くした直後、親たちは泣き暮らし、怒りや後悔、空虚な思いや、子どもの痕跡を捜し求めることをしていた。死の原因や、子どもが死後どうしているかを探ったり、子どものことを思い出せる仲間とのかかわりを通して、次第に亡くなった理由や、子どもが天国にいること、これまでの育児や闘病生活を振り返って意味づけができるようになっていった。この経過を経て、親たちは、「どこにいってしまったのか」と必死に捜していた子どもの痕跡を、捜さないでも自然に感じられるようになり、いつまでも忘れない存在として自分の中に位置づけられるようになっていった。

戈木は[7]、小児がんで子どもを亡くした母親の研究で「子どもの思い出を確立し、自分の中に取り入れる過程は自然におこるものではなく、母親たちが大変な闘病体験を子どもと分かち合う中で子どもと特別の関係を作り上げた後、亡くした子どもを思いつづけ、新しい関係を努力して作り上げた結果として起こる」と述べている。今回協力してくださった親たちは、子どもが生まれてから亡くなるまで、子どもとの相互作用の中で必死に命を守り育て、子どもとの絆を作り上げていた。つまり先天性心疾患の場合、ターミナル期に限らず、生まれてから亡くなるまでの育児期間そのものを良く過ごせたかが、その後のグリーフワークに影響を与えていることが明らかになった。

このことから、先天性心疾患の子どもの育児期間をいかに充実して過ごせるように医療者が支援できるかが、大きな鍵となることが示唆された。

具体的には、精一杯子どものためにできたとのちに育児期間を振り返ることができるために、体調管理や育児の相談にのったり、患者会などの仲間を紹介したり、親が育児に疲れてしまわないような環境を整えるための援助があげられる。

また、子どもとの別れの場面はやはり親の印象に深く刻まれていた。本研究では最期まで心臓マッサージを続けてくれたことや、意識不明になっても今までと同じように接してくれた医療者の姿に感謝の気持ちをもっていた。私たち医療者は、いつかはと死の予感をもちながらも「最後まで何とかしたい」と願っている親の気持ちを理解していく必要がある。先天性心疾患の場合、最期の訪れ方が多様であり、いわゆるターミナルケアに切り替えるタイミングが難しいが、「あれでよかった」と、のちに親が意味づけられるような良い思い出として残るようにその場を整えたい。先天性心疾患のターミナルケアのあり方は今後の大きな課題である。

亡くなった直後に医療スタッフと子どもの思い出を話せたことを感謝している親や、反対に亡くなった途端スタッフが引いていくような感じを受けた親もいた。医療者は臨終直後は家族だけでそっとしてあげたいという配慮や、医療者にとっても大切な子どもが亡くなった無念さが、子どもの病室から遠ざけてしまうことがあるが、亡くなったあとにもう一度家族に寄り添い、思い出を語ったり、家族が全力を尽くしてきたこと、今後いつでも病院を訪ねて来られてもよいことを話し、疑問点があれば解決できるようにしていくことが、その後のグリーフワークへの援助になるだろう。

日本では死とともに医療機関とのかかわりが途切れてしまうことが多いが、先天性心疾患の子どもの場合、診断されてから亡くなるまでに入院はしていなくても常に医療者とのかかわりがあるのが特徴である。その分、親の振り返りの場面に医療者が影響する部分が多いのではないかと思われる。それは不信感のある親でさえも、良い医師の姿を思い返し大切な子どもの思い出をポジティブに変えようとしていたことからもうかがわれる。それだけに子どもが亡くなった後も家族を継続してフォローしていく体制を整えていく必要があろう。子どもの死を再確認するために親が病院を訪れた際は、親の望む情報の提供を何度でも丁寧にしていくことはもちろん、ゆっくりと思い出を話せる場所や場の提供をする、待つだけではなく、電話や手紙で連絡をとるなど、医療者は常に亡くした後も家族に関心を向けているという体制をとっていきたい。これは、先天性心疾患の子どもと医療者とのそれまでの関係性からもとくに考慮されるべきことだと思う。

六　今後の課題

今回の研究では、協力者の死別の期間や亡くなるまでの経過もさまざまであった。また、七名の方の個人的な背景や経験については詳しく追わず、語ってくださったことの中から共通することを拾い上げる方法をとった。語りは回想であることから、その時々の経験がすべて語られたとは言いがたい。しかしそれぞれの背景がその後のグリーフワークに影響していることは確かである。今後はこうしたことを取り上げて分析していくことが課題である。

また、協力してくださった方は、悲しみのうちにあっても「語ってもよい」と思ってくださった方であり、その一方には「語りたくない」と思っている方々が多くいることを忘れてはならないと思う。このような思いにある家族の体験を知り、より広い視野で考えていく必要があるだろう。

謝辞
本研究のために、研究の趣旨をご理解くださり、長い時間つらい気持ちや思い出を語ってくださった七名の協力者の方々に心から感謝申しあげます。

注

（1）Therese A. Rando, "Bereaved Parent: Particular Difficulties, Unique Factors, and Treatment Issues", *National Association of Social Workers*, 30(1), 1985, pp. 19-23.
（2）Inese Wheeler, "Parental bereavement: the crisis of meaning", *Death Studies*, 25(1), 2001, pp. 51-66.
（3）小島洋子、鈴木恵理子「子どもを亡くした親の悲嘆のプロセスと反応」『静岡県立大学短期大学研究紀要』第4号、一九九〇年、一六五-一七一頁。
（4）戈木クレイグヒル滋子『闘いの軌跡——小児がんによる子どもの喪失と母親の成長——』川島書店、二〇〇二年。
（5）戈木クレイグヒル滋子「ストーリーづくりの助勢——よいターミナルケアによる後押し」『小児看護』二六（一三）、二〇〇三年、一七四五-一七五五頁。
（6）Inese Wheeler, *op.cit.*, pp. 51-66.

（7）　戈木クレイグヒル滋子「「よい看取り」の演出——ターミナル期の子どもをもつ家族へのナースの働きかけ」『日本看護科学会誌』二〇（三）、二〇〇〇年、六九-七九頁。

III

悲嘆と物語

——喪の仕事における死者との関係——

小高　康正

一　はじめに

人類は死別の悲しみ（悲嘆）にどのように対処してきたのであろうか。

「嘆き悲しむ女性の哀悼者」と名づけられた、彫像がある。紀元前十三世紀ないし十二世紀のものとされる。イランの墓から出土したテラコッタの小彫像である。この「悲嘆にくれる女性の哀悼者は、死別の苦しみを表わしている。裸体、目立った生殖器、小さな斑点（入れ墨もしくは儀式の跡）は、死後、再生に必要な生産力を呼び起こそうとしているようである(1)」。

この像を作った人々が歴史上どのような信仰をもっていたかはわからないが、この像が死者に対する悲しみを表していると同時に、多産のイメージを与えており、このような像が墓の中に埋葬されたのは、死後の再生を願ってのことであろうと考えられる。

ローゼンブラットは世界各地の七十八の文化の喪の儀式について調べ、どの社会の人々も身近な大切な人の死を哀悼する死の儀式を行うことを確認している。そしてその儀式には「しばしば、喪の時期の終了を告げ、死者とのきずなを断ち切り、死者のいない新しい生活への移行を示す最終儀式がふくまれる」といっている。(2)死別の悲しみは、死者への哀悼の気持ちを表すと同時に、自らを含めた新しい世界への出発（再生）の願いもこめられているようである。

本稿では死別における悲嘆というテーマを個人の感情・心理現象としてのみとらえるのではなく、また、死んでいった者（故人）と遺された者（遺族）だけの結びつきから、より広い、生者と死者との共生の関係というあり方を文学を含めた広い意味での物語的視点の立場に立って考えてみたい。

二　堀辰雄『風立ちぬ』とリルケ「レクイエム」の死者

私は先の論文において、『風立ちぬ』の創作プロセスを作家堀辰雄の死別の悲嘆、すなわち、死の悲しみから立ち直る過程で営まれる一連の内面的なプロセスを表したものとして読み解こうとした。(3)

物語は二人の出会いから始まり、婚約、婚約者の病気の発覚、入院、看病、そして婚約者の死にいたるという時間的な経過に沿って組み立てられているが、ヒロインの死をもって物語が終わるという結末ではなく、さらに婚約者の亡き後の、一人遺された主人公の「私」の姿あるいは心理状態を描き出している。

私が注目したいのは堀辰雄がこの最終章である、婚約者の死後の世界をなかなか書くことができなかった点である。結局、前の章を書き上げてからさらに一年をかけてようやく書き上げることができたのである。彼が婚約者の死後に遺された、主人公「私」の世界を描くことができたのは、リルケの「ある女友達のために」にという「レクイエム」(鎮魂歌)からヒントを得たこともよく知られていることである。

この「レクイエム」は、リルケが親しかった「女友達」のパウラ・モーターゾーン・ベッカーの死を悼んで作った長編詩である。

この詩は「わたし」が「死者となった女友達」に語りかけるという対話の形式で展開する。

堀辰雄は、「レクイエム」における、生者である「わたし」と死者である「おまえ」との対話の形式を真似て、『風立ちぬ』の「死のかげの谷」の章では、主人公の私が亡くなった婚約者節子に語りかけるという具合で物語の結末をつけようとしている。

このように堀辰雄は「レクイエム」というリルケの詩(文学)から死者のイメージを受け取ったのである。つまり、リルケの描き出した死者はよそよそしく忌避される、あるいは、おどろおどろしい幽霊のような死者のイメージではなく、生者から死者となって日が浅く、まだ死者としての自分のあり方に慣れていないでとまどっている存在として描かれている。

リルケの描く死者のイメージを借りることによって、堀辰雄は婚約者を亡くして、一年以上を経過し、ようやくその死を受け容れ、もはやこの世からいなくなった、「死者としての婚約者」に出会うことができたと考えることができよう。

三　日本の伝統的社会における死者

ところで現代の私たちは死者という存在をどの程度明確な観念としてもっているのだろうか。

文化人類学者の波平恵美子氏は『日本人の死のかたち』の中で、「かつて多くの日本人は、……人は死んでも『死者』として存在することを信じていた。残された人びとは死者と何らかの関係を持ちうるし、また、残された者が望まなくても、死者の側から主体的に生者に対して働きかけうると考えていたのである(4)」と述べている。

しかし、社会と生活の急激な変化により、このような伝統的な日本人の死の文化を理解できなくなっているのが今日の状況であると、波平氏は指摘している。そして、日本人の死の観念は死者の観念によって規定されており、日本人の「死の文化」は、「死者を想定する文化」であるという考え方をしている(5)。

そういう意味では、リルケの「レクイエム」における死者のイメージは日本人にはそれほど違和感を感じずに受けとめられやすく、とくに堀辰雄の生きた時代においては今日の日本人以上にわかりやすい観念であったのかもしれない。

だが、今日、そのような「死者を想定する文化」をもつといわれる日本人であるが、果たして現代の私たちはどの程度そのような観念に自覚的であるのだろうか。共同体で死を受け止められなくなり、死別の悲しみの個人化が進行しているのではないだろうか。

葬送儀礼は遺された者が死者のため、死者の霊魂をこの世からあの世（別の世界）へ送り出すために行われていた。

それと同時に、遺された者自身（遺族だけでなく、そのまわりの者たちも）さまざまな服喪儀礼を行うことによって自らの死別の悲しみを和らげていたのではないだろうか。

現代ではどうか。葬送儀礼は多くは葬儀会社によって取り仕切られ、ほとんど形骸化している。死者の霊はほんとうに「あの世」に送られているのだろうか。人は死んだ後、どうなるのか、誰も「死者の魂」の行くべき先もわからなくなっているのではないか。

柳田國男の「先祖の話」によると、日本人の伝統的な死者の考え方は次のようである。

人が死ぬと体から死者の霊魂が抜け出し、四十九日間この世をさまよった後、近くの山の頂に行き、ホトケ（仏）となって、何年か何十年かとどまって、盆や彼岸の時にはかつての家を訪れる。その後さらに時間がたつと、「先祖」というカミ（神）となって長く「子孫」を見守るというものである。[6]

日本では古くはこのような「先祖と子孫」という関係によって、死んでいった死者と遺された生者との結びつきが作られていて、そのような考え方の中に、「あの世」や「死者の魂」の考え方も取り込まれていたと考えられる。

ところが、柳田の文章が書かれたのは六十年以上も前であるが、もうすでに、「あの世」についても、「言はば、至ってあやふやな、成るべく其様なことは考へずに置かうといふ者ばかりが、世に弘がって居たといふことも亦近頃までの事実であった。如何に熱心にきめようとしても、もう決められない問題なのかも知らぬが」と述べ、その結果、「別れの悲しみは先祖たちの世に比べると、更に何層倍か痛切なものになって居るのである[7]」という。

柳田はここで「あの世」のこと、つまり死者のゆくえがわからなくなっているために、遺された者の死別の悲しみがこれまで以上に「何層倍か痛切なもの」になっていると述べている。

これはどういうことであろうか。

愛する者や近親者との死別の悲しみはいつの時代にもあったはずである。だが、その悲しみが「何層倍か痛切なもの」になったのは、もはやわれわれが「あの世」や「死者のゆくえ」がわからなくなってしまったからであり、この両者はお互いに関係しているということを指摘している。

現代においても私たちは、亡くなった人は（死者となって）「（あの世で）安らかに眠る」ことを願うという伝統的な考え方を暗黙のうちに抱いているのではないだろうか。

つまり、亡くなった人はあの世かどこかしかるべきところに安らかに眠っている（過ごしている）と思えることで遺された者は安心するのではないだろうか。死者が安らかでなければ、遺された生者の側も安らかではいられないという関係があるようである。

このような考え方の根底には、死者はホトケとなって浮かばれて、いずれ無名のカミとなってはじめて生者も死者もともに落ち着くという伝統的な信仰（考え方）が残っているのかもしれない。

しかし、このような日本の伝統的な「死者を想定する文化」も、近代化の進行によって親族、地域などを中心として成り立っていた共同体が消えていくにつれ、実質上の力を失いつつあるのではないだろうか。

四　西欧の社会の喪のあり方の変化

ジェフリー・ゴーラー（またはゴラー）は一九六四年にイギリスでの近親者を亡くした遺族に対するインタヴュー調査で、もっぱら心理学的で、私的なものとみなされる死別という状況が、どのように社会学的・文化的な意味を含んでいるかを考察した。それをまとめたものが『死と悲しみの社会学』である。(8)

私たちは、ゴーラーのこの研究が、死や死別に関する研究においていかに衝撃的な意味をもっていたかを、『死と歴史』の中のアリエスの言葉から知ることができるだろう(9)。

アリエスは一九六五年ごろ、ゴーラーの著書によって「死に対する態度の社会的大変化」に気づかされた。「われわれの産業社会のこの不文の法を最初に明らかにした功績は、イギリスの社会学者ジェフリー・ゴーラーにある。死がいかにしてタブーとなったか、二十世紀において主要な禁忌としてのセックスに死がいかにしてとって代わったかを、彼ははっきり示してくれた(10)」。

ゴーラーの本書での結論は次のようにまとめられる。

「今日のイギリス人の大多数は、死と死別体験に対する身の処し方について、適切な指針を持っていない。また、嘆き・悲しみは、愛する者を亡くした人間のうちに必ず生ずる反応であるが、それと折り合いをつけ、それを乗り越えて生きて行くに際して、今日のイギリス人はそのための社会的支援をも欠いている(11)」。そして、ゴーラーは次のように述べている。

「死別後の数週間は、彼らは、重い病の間やその後に生ずるのとほぼ同じ身体的変化を被っている。……(中略)……この期間中には、遺族は、幼少期以後の他のいかなる時にもまして、社会的な支持と援助を必要とする。ところが目下のところ、私たちの社会は、この支持と援助を与えることがほとんどできないでいる(12)」。

彼はこのことの重要性を強調し、死の悲しみに対する十分な認識がなければ、「苦悩・孤独・絶望・適応不良行為に対するこの無策の代償は、極めて高くつく」と警告していた。

また、ゴーラーは、宗教とのかかわりで、次のように考えている。

「『宗教によらない哀悼』はいまだに考案されておらず、多分これが一因となって、宗教的信念を持たない大多数の人々が哀悼を拒絶するようになったのであろう」と考え、「遺族・親族・友人・隣人たちのための世俗的な哀悼儀礼となるようなものを社会のうちに創り上げて行くのが望ましい」と提案してもいる。

これはイギリスの当時の状況を考察したものだが、ゴーラーの文章の「イギリス」という国を「日本」に入れ替えてみると、現代の日本の私たちにとってもかなりの程度あてはまるのではないだろうか。

アリエスは『死と歴史』において、「二十世紀初頭までは、死に対して認められた地位、死を前にしての態度は、西欧文明の全領域の中ではほぼ同一であった。この単一性は第一次大戦後破られた。伝統的な態度は、アメリカ合衆国と工業化されたヨーロッパ北西部で棄て去られた。それらは、一つの新しい基本型によって置きかえられたが、死はその型からは立退かされた格好である(13)」と彼の「死の歴史」の考察を踏まえて述べている。

ここでアリエスの言う、「一つの新しい基本型」とは、「死のタブー化（禁忌）」であり、死や瀕死者（死にゆく者）を前にしての伝統的な態度とは、死のタブー化（禁忌）が生じる前の、死や死者に対する態度である。

これまで人の死に際して行われてきた、伝統的な葬送儀礼や服喪儀礼が、死のタブー化とともに変化してきたこと、この変化は西欧と日本では進行の時期の違いや内容においても相違がみられるようであるが、現代において共通しているのは、死のタブー化とともに、遺族の喪の悲しみに対する態度も変化し、その結果、喪の悲しみに対してどのように対処していいか、本人もまわりのものもわからなくなっており、現代人は一人一人にその対応が迫られているという状況にあるのではないかということである。喪の悲しみに対して、伝統的な共同体によって形成されてきた慣習の変化によって、社会的なサポートを失いつつあることと、そのため、遺された者の喪の悲しみが個人的な問題として扱われつつあることとが関係していると考えられる。

五　フロイトの「喪の仕事」と、フロイト以後の「悲嘆のプロセス」

近代に入って、フロイトは死別による悲嘆を精神分析的な視点からとらえ、心の世界における悲嘆のあり方を「喪の仕事（悲哀の作業）」（the work of mourning）という呼び方でとらえ、それがうまく果たされない場合は、病的な現象となりうることを指摘した。(14)

フロイトのこの比較的小さな論文が発表されたのは一九一七年である。当時、「メランコリー」（melancholia）と呼ばれていた「うつ病」（depression）に関しては、まだ十分にその病状や原因が明らかにされていなかったことから、フロイトは「喪」（mourning）の症状に近いことに気づき、それとの比較によって「メランコリー」についての仮説を提示したのであった。

その後、この研究は精神医学の分野のみならず、悲嘆の心理について考える際には、必ず引き合いに出されるほど重要で、示唆に富んだ見解が示されている。(15)

悲嘆の心理について考えるとき、フロイトが示した見解の画期的なところは、遺された者がその心の世界において故人（死者）、つまり、失った対象との関係をどのようにとらえるかという「仮説」を提示した点である。少し長いがこの部分のフロイトの説明の言葉を引用しておこう。

「それでは悲哀の果たす効果はどういう点にあるのだろうか。私はそれを次のように述べても、少しも無理はないものと信ずる。現実検討 Realitätsprüfung によって愛する対象がもはや存在しないことが分かり、すべてのリビドーはその対象との結びつきから離れることを余儀なくされるがこれにたいし当然の反抗が生ずる――よく見られることだが、人間はリビドーの向きを変えたがらず、かわりのものが、もう誘っているというのにそれでも変えないものである。この反抗は強いため、現実から顔をそむけることになり、幻覚的な願望精神病(以前の論文を参照のこと)になって対象を固執することになる。正常であることは、現実尊重の勝利をまもりぬくことであるが、その使命はすぐには果たされない。それは時間と充当エネルギーをたくさん消費しながら、ひとつひとつ遂行してゆくのであって、そのあいだ、失われた対象は心の中に存在しつづける。リビドーが結ばれている個々の対象の追想と期待に心をうばわれ、過度に充当され、リビドーの解放もそこに実現されるのである。現実の命令を実行にうつすのに必要な妥協の仕事が、なぜそれほど苦痛なのかは、経済的見地から説明したのでは分からない。この苦痛の不快さがわれわれにあたりまえのことに見えるのは、奇妙なことではあるが、事実、悲哀の作業が完了したあとでは、自我はふたたび自由になって、制止もとれるのである[16]」。

ここには、その後、「悲嘆のプロセス」として一般化されていく、死別後の悲嘆の心理を段階的な変化としてとらえる考え方の基礎となったアイデアが見いだされる。それは遺された者の心の中で、いかにして「失った対象」である死者との関係を現実的な世界の中で調整していくことができるかの心の変化を、「リビドー」という用語を用いて説明している。

その後の悲嘆についての研究は、フロイトの影響を受けながら、主に精神医学的な分野で多くの実証的な研究や調査あるいは、臨床的経験に基づいて研究が進められた。

代表的な「悲嘆のプロセス」の考え方をみてみると、表のようになる。[17]

これらの見解に共通してみられる特徴は、最初の死別のショックから徐々に回復し、再び社会的な生活に復帰するという、段階的な変化が想定されている点である。もちろん、その段階の順序やそれに要する時間などは個人による違いがあることが指摘されている。

これら以外にも、死にゆく患者の調査によって、自らの死を受容するにいたる心理を五段階の過程に分析した、キュブラー・ロスは、遺された家族の悲嘆の心理も同様の過程を経るという考え方を示している。[18]

しかし、遺された遺族が故人（死者）をどのように位置づけるかという、「死者との絆」のとらえ方の点では考え方の違いがみられる。

	1 パークス	2 ボウルビィ	3 ウォーデン	4 平山正実
第一段階	心の麻痺	対象喪失反応	喪失の事実を受容する	初期（ショック、混乱）、驚愕
第二段階	切望	抗議	悲嘆の苦痛を乗り越える	抵抗
第三段階	混乱と絶望	絶望と抑うつ	死者のいない環境に適応する	虚脱
第四段階	回復	失った対象からの離脱と新たな対象との結合	死者を情緒的に再配置する。生活を続ける	現実受容、見直し、自立と再統合

フロイトは「悲哀の作業が完了したあとでは、自我はふたたび自由になって、制止もとれるのである」と述べているのだが、この点をとらえて、失われた対象（死者）に固執せずに、自由になることが正常な「喪の仕事」のあり方かどうかをめぐって意見は対立している。

たとえば、喪失した対象に固執して愛着を持ち続けることは病的であると考え、その対象との絆を断ち切り、新たな対象を見いだすことが回復につながるという考え方が一方にある。

他方、必ずしも失った対象との絆を断ち切るのではなく、新たな形で作り直すことが重要であるという新たな見解がある。(19)

前頁の表でみれば、ボウルビィは　第四段階で「失った対象からの離脱と新たな対象との結合」とあるように、前者の立場にあり、ウォーデンの「死者を情緒的に再配置する」という考え方は、後者の立場を示しているウォーデンも当初は前者の立場であった。(20)

いずれにせよ、フロイトのいう「喪の仕事」において重要なことは、現実世界からは喪失した対象との関係を心の世界においてどのように位置づけるかであろう。

つまり、第四段階では、「遺族は死者との死別という事実に一定の距離をおくことができるようになる。この段階に至ってはじめて死者と生者とは新しく再統合され、新たな自己実現が可能となる。具体的には、遺族が故人の肯定的側面を発掘し、信頼関係を再構築し、死者が残された人の心のなかで、今ここに生き生きと生きており、生者を励まし、勇気づけてくれるものとして位置づけられる(21)」のであろう。

六　悲嘆の物語論的アプローチ（1）——悲嘆と意味の再構成

死別やそれによる悲嘆の問題は、主には「複雑な悲嘆」や「病的な悲嘆」のケア（サポート）や治療を目的として、これまでみた精神医学や心理学（心理療法）の分野で調査・研究が進んでいる。

とくに、心理療法の分野では、悲嘆に対するナラティブ的観点による取り組みが試みられ、従来の悲嘆のプロセスによる理解の限界をふまえ、実践的セラピー（療法）の方法として効果をあげている。

たとえば、ロバート・A・ニーメヤーの「グリーフ理論」の立場は、愛するものとの死別を経験したものは誰もが各人固有のグリーフ（悲嘆）を経験する。グリーフとは、その人のこれまでの世界が変わってしまったことを知り、その人にとっての新たな世界を作り直す営みであると位置づけ、それはその人の能動的な行為なのだという意味で「グリーフ行為」という言い方をしている。つまり、死別によるグリーフは誰もが生きている間に何度も経験することであり、その度に私たちはグリーフ行為を行って新たに自分の世界を再構成していくことを求められているという考え方である。それでグリーフの中心に「意味の再構成」という考え方が置かれる。その「意味の再構成」を行うための重要な手段が「物語（ナラティブ）」といわれるものである。[22]

ニーメヤーの「グリーフ（悲嘆）の理論」は、まずこれまでの医学分野で考えられてきた、いわゆる伝統的なグリーフ理論を「段階論」として、その限界を指摘している。つまり、喪失による感情反応は、人によって大きく異なるものであり、誰にとっても共通の経験となる普遍的なグリーフなどというものはなく、特定の死は、歴史的、文化的、家族的、個人的な状況において考慮すべきであるというものである。

そして自らの「新しいグリーフ理論」[23]を次のように特徴づけている。

(1) グリーフは個人的なプロセスであり、そのプロセスは百人百様で個人差があるということ。そして、グリーフを非常に個人的な《意味の創造》と意味づけのプロセスとしてとらえる必要がある。

(2) 各人の死別の体験を物語《ナラティブ》として話すことによって、聞き手に自分のストーリーを披露するだけでなく、「それ以上に自分の体験を説明することでグリーフの意味を考える効果も」ある。

ニーメヤーのグリーフ理論にとって、社会構成主義の考え方が大きな影響を与えているようだが、ここではそれについては取り上げないでおく。[24]

七　悲嘆の物語論的アプローチ（2）——悲嘆と、世界の学び直し

ここでもう一人の物語論的取り組みにとって重要な人物を取り上げておきたい。

これまで悲嘆の研究は主に精神医学か心理療法の分野で行われてきたが、次に取り上げるTh・アティッグの本職は哲学者であるが、長年死別体験者から話を聞くという仕事を続けており、そこから得た知見は机上の研究者の見方とは違い、現実の体験の中から引き出される認識に満ちている。つまり、最初に一般的な理論があるのではなく、一人一人の物語を理解することから得たものが重要なのである。

そのような方法は、伝統的な「医学的アナロジー」でなく、「物語的アナロジー」という考え方を生み出している。つまり、彼は、「悲しむ営みは世界を学び直すこと」「死別は、各人の人生の物語のなかで独特の位置を占める」として「物語こそ問題の核心」となるという立場をとっている。

さらに、もう少し具体的にアティッグの考え方を追ってみると、本書全体を通して、以下の四点の考え方が重要となる。

(1) 悲しむ営みということ…人々は感情面、心理面、行動面、生物的、肉体的側面、社会的側面、知的・精神的側面など、その全体で悲しむ。

(2) 世界を学び直すということ…世界を学び直す営みとして悲しむ営みをとらえる。

(3) 自己を学び直すということ

(4) 故人との関係を学び直すということ。[25]

アティッグは、ウォーデンの四つの課題の考え方、つまり、①喪失の現実を認めること、②生活の感情を乗り越えること、③故人のいない環境に適応すること、④故人との絆をゆるめること、に同意しつつ、若干の改良を加える加えている。[26]

そして、アティッグは、ウォーデンの「課題」／対処の諸側面（①喪失を認める／知性・精神面、②感情を表現する／心理面、③再び生きることを学ぶ／行動面、④解き放つ／社会面）に、世界を学び直すという課題（物理的世界、社会的世界、自己、故人）を組み合わせて、彼の基本的な考え方を導き出しているのである。

以上、アティッグの物語論的視点に立った考え方を中心に悲嘆のとらえ方をみてきた。

その中で、とくにここでの中心的なテーマとなる、死者との関係については、アティッグはそれほど明確な考え方は示していないようである。

彼は「故人との関係の見直し」という言い方をしている。一つは、生前の関係と、故人の亡き後の関係において、大きく変化した点はどういうところか、変わらない点はどこかを見分けていくことが大切だと述べている。

さらに、故人の人生を「今や終わってしまった物語」として位置づけ、残された者のまだ続いている「物語」とをダイナミックにかかわらせることが重要になるという。「相手の人生の物語は、私たちの人生の物語の織物と織り合わされる」という表現を使っている。(27)

アティッグによれば、「故人との関係を学び直すことは、新しいアイデンティティが現われ、私たちが生活、個人史、自分を越えるものとのつながりに新たな完全さを獲得するのに貢献する」といわれる。(28)

ここで言われる「物語」とは、まさに「人生の物語」であり、それはまるで一般の物語と同様に、何度も読み返され、解釈され、新たな意味づけが行われるのである。そして遺された者は「その物語と動的に作用しながら生きる」のである。

私はアティッグの「終わってしまった人生の物語」はその後も、遺された者にとっての影響が続き、遺された者の「物語」とダイナミックに織り合わされるという考え方は、人生を〈物語〉というメタファ（アナロジー）によるとらえ方とあわせて、個人の多様な悲嘆のあり方をとらえるのにきわめて有効ではないかと考える。

では、死者との関係を考える上で「人生の物語」という考え方はどのような有効性をもつのかについてもう少し考えてみたい。

八　死者との再会と「リ・メンバリング」

いわゆるナラティブ・セラピーの立場から心理療法の活動を行っているM・ホワイトもまた、悲嘆の心理プロセスに関する医学的な規範的モデルに対して懐疑的な立場に立っている。

彼は、「悲哀の過程というものは『別れを告げてからの再会』現象」であるという独自の考え方を展開し、遺された者と喪失した愛する者との新たな関係づけを重視している一人である。(29) ホワイトの「再会メタファー」というのは、死者に対して「別れを告げるメタファー」に対抗して考えられているのは明らかであろう。

死別の悲嘆が病的なものとなる場合があるのは、喪われた対象、つまり故人(死者)との関係に愛着を持ち続けることから生じるという見解が、歴史的には主に精神医学の分野では支持されてきた。このような立場から正常な悲嘆の過程を経るためには、喪失対象との絆を断ち切り、新たな対象を見いだすことが期待されたのである。このような考え方を「別れを告げるメタファー」とするならば、ホワイトの立場は「別れを告げてからの再会」というメタファーとしてとらえられるものであり、病的な悲嘆と思われる場合にも、喪われた対象との関係を新たに見直すことによって、回復の可能性を見いだすことができるというものである。

そのための方法は「ドミナントストーリー」のために語られなかった自己の物語、過去の自己を経験し直す「オルタナティブ」ストーリーを語ることである。

このような方法は、死別による関係の喪失においてのみあてはまるものではなく、さまざまな別離の場面にも応用されると考えられる。ホワイトは語られなかったがゆえに取り残された過去の多くの出来事を新たな物語の中に取り込むことによって、新たな自己との関係が作られる点を重視している。その営みは規範的なモデルがあるわけではなく、個々人一人一人異なるユニークなものであることを強調している。

以上のような考え方は、先に取り上げたアティッグの次のような考え方と共通しているであろう。

「私たちは、かつて故人と生きた人生を解釈しなおし、現在の生き方を変え、未来に新たな希望と目的を抱きながら、いまでは終わってしまった人生の物語の価値と意味を自分自身の人生の物語に組み込む。私たちはふたたび、自己を超越した全体と意味のある形で結びつき、家族・友人やさらに大きな共同体、神、一生の仕事とのつながりを変化させ、そこに一変した故人との関係を組み入れる。私たちは、これらさまざまな形で完全さを手に入れるなかで、建設的に故人に共感する。つまり、もはやいない相手とどんな関係をもちつづけているかということによって自分が何者であるかを決める。故人への愛が自分の人生のなかに占めるべき新たな位置を見いだしつつ、自らを統合しなおす(30)」。

ホワイトの「再会メタファー」をもう一歩推し進め、ナラティヴ・アプローチの立場から、死者との関係をとらえ直そうというユニークなアイデアを提示したのは、L・ヘッキとJ・ウィンスレイドである(31)。それは、死によってこれまでの人間関係が中断され、もはや生きている者たちから切り離された死者を、もう一度、自分たちの「人生のクラブ」の会員（メンバー）として「リ・メンバリング」するという考え方である(32)。

L・ヘッキとJ・ウィンスレイドは、自分たちのアイデアについて、非常にわかりやすく次のように説明している。「私たちの見解では、関係が終わるものであり遺された人は愛する故人を自分の人生クラブのメンバーからはずさなければならないという考えは、間違いである。……生物学的に死を迎えた後にも、愛する人が心の中に存在し続けることくらい、少し考えれば分かりそうなものである」。

彼らの考え方は、死者との関係を「死者とのやりとりのプロセスを通じて、生きている人の人生の物語を発展させる、創造的過程である。それは、死の時を人間関係の可能性を終わる瞬間とは見なさない」というものである。

このような考え方は、これまで見てきた、ニーメヤー、アティッグ、あるいは、ホワイトらの考え方と共通している。「私たちは、誰かの切り離しをめぐって発話や儀式を構築するよりも、包含と連続性を実現する場所を捜し求めることができる。絆を壊すことを求めるよりも、絆が継続する機会を追求すること」が重要である。つまり、「死者を私たちの考え、会話、それに生活上の儀式に組み込み直す方法を創造的に発案する必要がある」のである。(33)

これまでナラティブ(物語)の視点からの死別による悲嘆のとらえ方をみてきたが、このような「人生の物語」の中で死者との関係をとらえ直すということは決して特別なことではなく、私たちが一般的に喪の営みの中で行っていることでもあるのではないだろうか。

九　人生の物語における死者

最後に、死別の体験の悲哀を創造的に受けとめた「人生の物語」の例を取り上げておこう。

野田正彰は、御巣鷹山の日航機墜落事故をはじめとする一九八〇年代後半の大事故後の遺族の悲哀を記した『喪の途上にて』において、精神科医としての専門的な知見と、遺族とのかかわりを含む現場(フィールド)の観察、そして鋭い感性による人間的洞察力によってとらえられた現代人の喪のあり方を取り出している。(34)

彼は「死別の悲しみも、年齢によって異なる。中高年層の悲しみは、深い絶望感を内に秘めている」、また、「成人前期の人々の悲しみは燃えあがるように激しいが、生命の艶がある」と文学的な表現をしている。そして、悲哀にも「美しい悲哀」と、「病的な悲哀」があるという見解を示している。「人はいつでも自分の喪の体験を病的な悲哀に変えてしまう危険な橋を渡りながら、なおそれを美しい悲哀に完成させる作業をしている」といわれる。「病的な喪」の場合は、彼は精神科医としての立場に立っているが、「他方、正常な喪の場合は、美しい完成の過程に感動したいがためである」といわれるように、人間的感性をもって、遺族の悲哀にかかわっている。

このような立場に立って、野田は、喪における「芸術性」あるいは創造性に着目する。「人は喪においても創造者であり得る」といい、「喪の芸術を聴きとる。それはひとりひとりの人間が内に秘める芸術である　人間が置かれた状況のなかで創り出す精神の美である」と述べている。(35)

日航機墜落事故で結婚したばかりの夫を亡くした、若い女性Vから聞き取り調査をした野田は、そのような「美しい喪」のあり方を実感する。

とくに、女性Vが自分の夢を記録したノートを見せてもらい、それらの夢を解釈しながら、「覚醒時の彼との対話の積み重ねの上に、夢において、生き残された者と先に死んだ者との交流の道が一層の実在感をもって探されている。死を認めつつ、死者と共に生きる方法を求めているのである」という分析をしている。

しかし、野田は死者の夢を解釈する際、フロイト的な「死者を死者たらしめる、生者の『喪の作業』の視点」をそのまま単純に受け売りをしているのではない。

聞き取りを通して遺族の日常の生活に沿いながら考察を進めている。そんな中から「夢は日中の喪の過程と対応しながら、むしろ日中の思考以上に豊富な感情表現をしている」こと、死を否認して緊張している間は、「生きている彼」の夢を見なかった。葬儀も終わり、四十九日も過ぎ、亡き夫に話しかける十分な時間をもった後に盛んに夢をみるようになっていること、そして、夢の涙は、夢みる人の涙でありながら、また愛する死者の涙でもある。共に泣くことによって、夢は覚醒時以上に喪の作業をしてあげている。「夢で泣くことの癒しの力は大きい」こと

に気づくのである。(36)

野田は、死者の夢について、「覚醒時の豊かな悲しみが夢を準備すること、日中の思考以上に夜の夢は喪の作業をしていること、夢は感情表出に最もすぐれていること、とりわけ夢の作業は死者を忘れるためではなく、死者と共に生きていかれるようにすることにある」という四点を指摘している。(37)

現代人の喪のあり方は、「日常的業務が悲しみを紛らわすといわれる」貧しい悲しみの紛らわし方をしているという問題意識から出発している野田の認識は、悲哀は、日常の流れを断ち切って、すべての時間をしばし止めてこそ深く体験されるものであり、「悲哀も人生においてなくてはならない感情である」。悲しみを十分に、しかし病的にならないように体験し、起こってしまった悲劇の向こうに再び次の人生を見つけ出さんがためである。人はそれぞれに十分な悲しみを背負うことが許されている。悲しみとは愛の別のことばにほかならない。愛がないところには悲しみはない。愛の後には悲しみが来るのであり、悲しみは愛の予兆であり余韻であると述べるのである。そして彼は、あえて精神科医の立場で、悲哀の軽減、悲哀を軽減する処方箋は必要ないという考え方をしている。

十　まとめ

私は以前に堀辰雄の『風立ちぬ』を取り上げて、作者（堀辰雄）の実際の体験、婚約者との死別の体験と悲嘆が作品の創作にいかに影響を及ぼしたかを論じた。その際、もっぱら作家の創作プロセスとのかかわりを扱ってきたが、今回は死別の悲嘆をめぐって、医学的あるいは心理療法の分野でどのように扱われているかを考えてみた。

かつては共同社会がもっていたであろう喪の力が弱くなっている状況において、死別の体験に遭遇した時、個人や家族は周りの人たちの支え合いを期待できずに、一人一人が未知の体験を前にして、自分だけの力で苦境に立ち向かうしかないのであろうか。

柳田國男が葬送儀礼においてもはや死者をどこに送るのかがわからなくなりつつあると言ってから六十年がたち、私たちにとって死者の行方はもはや問うことさえもまれになるほど、葬儀の際に「送る」ということは儀式においても重きはおかれなくなり、意識にものぼらなくなっている。しかし、他方、死者の行方がわからないということは、私たち自身が死んだらどこへ行くのかわからないということでもあり、死ぬことの不安はますます深くなるのではないだろうか。

また、最近、「私のお墓の前で泣かないでください」と歌われる「千の風になって」という歌がヒット曲として広まっている。[38]「私は墓にいない」という表現が一種の好感をもって迎えられているとすれば、それは伝統的な、日本の仏教的な死生観とは違った面をうかがわせる。このことも死者の行方を考えさせる一つの現代的な現象のようである。

本論では、死者の行方がわからなくなっていることと、死別の悲しみ（悲嘆）が一層深刻になっていることとの間に眼を向け、死者との対話、死者の魂との付き合い方によって、死者との新たな関係を築くことが「喪の仕事」の重要な役割ではないかと考えてみた。

それでは、死者はどこにいるのであろうか。

死のテーマを人間存在の根源的問題として、生涯にわたって追求したドイツの詩人リルケは、私たち人間の内面、広大な内部世界こそ死者が住むにふさわしい場所だと言っている。

そのリルケが自らの死別体験をもとに創った「ある女友達へ」と題する「レクイエム」は「私は死者たちを持っ

ている」という表現で始まる。これを単なる文学的な表現と考えるか、それとも死者というものを考える象徴的な表現ととらえるかは受けとめる個人によって違ってくるだろう。しかし、いずれにせよ、現代の私たちにとっては死者との親しい関係を取り戻すことは急務ではないかと思う。

注

（1）ベヴァリー・ムーン編『元型と象徴の事典』橋本槇矩訳者代表、青土社、一九九五年、六八七頁、アーキタイプ・シンボル研究文庫。
（2）シュー・ウォルロンド＝スキナー『心理療法事典』森岡正芳・藤見幸雄他共訳、青土社、一九九九年、四二二頁。
（3）「堀辰雄『風立ちぬ』における悲嘆と創造のプロセス」『長野大学紀要』、27巻、2号、長野大学発行、二〇〇五年、一三一―一三三頁。
（4）波平恵美子『日本人の死のかたち』、朝日新聞社、二〇〇四年、一三頁、朝日選書755。
（5）同上書、八二頁。
（6）柳田國男「先祖の話」、『柳田國男全集（13）』筑摩書房、一九九〇年、七―二〇九頁、ちくま文庫。
（7）同上書、一八四頁。
（8）Geoffrey Gorer, *Death, grief, and mourning in contemporary Britain* (London: Cresset Press, 1965) G・ゴーラー『死と悲しみの社会学』宇都宮輝夫訳、ヨルダン社、一九八六年。
（9）Ph・アリエス『死と歴史』伊藤晃・成瀬駒男訳、みすず書房、一九八三年。
（10）ゴーラー、前掲書、二一九頁。
（11）同上書、一七四頁。

(12) 同上書、一八二頁。
(13) Ph・アリエス、前掲書、二六七頁。
(14) Freud, S., (1917), *Mourning and Melancholia*, Standard edition, vol. 14, (London: Hogarth Press, 1955), pp. 243-258. S・フロイト「悲哀とメランコリー」井村恒郎他訳『フロイト著作集6』、人文書院、一九七四年、一三七-一四九頁。
(15) 社会学者のゴーラーは彼の著書で、フロイトの論文のその後に与えた影響の大きさについて、「後の研究の大半は、この小論文の釈義だと言ってもよい」（一八三頁）とまで述べている。
(16) S・フロイト、前掲書、一三八-一三九頁。
(17) 平山正実『死生学とはなにか』日本評論社、一九九一年、二八頁。
小此木啓吾他編『精神医学ハンドブック』創元社、二〇〇二年、「モーニングの心理過程」、一四二-一五六頁。

氏原寛他編『心理臨床大事典（改訂版）』培風館、二〇〇四年、「喪の作業」、九九三-九九四頁。

S・W・スキナー、前掲書、「悲嘆」、三六六-三六八頁、「喪、哀悼過程」、四二二-四二三頁。
(18) エリザベス・キューブラー・ロス『「死ぬ瞬間」と死後の生』鈴木晶訳、中央公論新社、二〇〇一年、二七七頁、中公文庫。
(19) 瀬藤乃理子他「死別後の悲哀に関するフロイトの見解とその批判」、『神戸親和女子大学研究叢書』、37号、神戸親和女子大学発行、二〇〇四年、三〇-三一頁。
(20) 澤井敦『死と死別の社会学』青弓社、二〇〇五年、一九一頁。
(21) 「グリーフケアの方法」、平山正実編『生と死の看護論』メヂカルフレンド社、二〇〇二年、一二一頁。
(22) ロバート・A・ニーメヤー『〈大切なもの〉を失ったあなたに――喪失をのりこえるガイド』鈴木剛子訳、春秋社、二〇〇六年。
(23) 同上書、一二八-一五七頁。
(24) R・A・ニーメヤーは、「グリーフ理論」と構成主義的立場について、「構成主義の立場でより包括的なグリーフ理論を確立する」と述べ、「構成主義は、人間が執拗な《意味の創造者》、すなわち、生来どんな体験にも何らかの意味を探り出す存在であるという考え」を示している。「社会構成論」とナラティブの社会的背景について、野口裕二『物語としてのケア――ナラティブ・アプローチの世界』（医学書院、二〇〇二年）によれば、さまざまな臨床領域でいま、「ナラティブ」ということばが注目されている。「物語」や「語り」を意味するこの言葉は、もともと文学領域の用語であったが、人文科学、社会科学のさまざまな領域で、人間の行為や関係（社会）を「言葉」「物語」という視点からとらえ直す作業が活発化してきた→「言語論的展開」などと呼ばれている（一四頁）。とくに「社会構成主義（社会構築主義 social constructionism）」と呼ばれる考え方は、「言葉がわれわれの生きる世界をかたちづくる」（一七頁）という立場である。「言葉はナラティブという形式をとることによっていっそう強力な作用を持つ。物語は《科学的な説明》では描ききれないような、断片的な言葉や説明を織りあわせて、ひとつのまとまりをもった世界を出現させることができる」（二三-二四頁）。

(25) Th・アティッグ『死別の悲しみに向きあう』林大訳、大月書店、一九九八年、五〇、五六頁。

(26) 同上書、六〇頁の表を参照。

(27) 同上書、二〇七頁。

(28) 同上書、二一五-二一六頁。

(29) M・ホワイト「再会――悲哀の解決における失われた関係の取り込み」、小森康永監訳、C・ホワイト、D・デンボロウ編『ナラティヴ・セラピーの実践』金剛出版、二〇〇一年、四一頁。

(30) 同上書、二一六頁。

(31) L・ヘツキ、J・ウィンスレイド『人生のリ・メンバリング――死にゆく人と遺される人との会話』小森康永、石井千賀子、奥野光訳、金剛出版、二〇〇五年。

(32) 同上書、二一-二三頁。

(33) 同上書、七二-七三頁。

(34) 野田正彰『喪の途上にて――大事故遺族の悲哀の研究』岩波書店、一九九二年。

(35) 同上書、一〇〇-一二五頁。
(36) 同上書、一四五-一四七頁。
(37) 同上書、一五二頁。
(38) 新井満『千の風になって』講談社、二〇〇三年。

自殺者遺族の悲嘆援助について
――キリスト教的臨床死生学の立場から考える――

平山　正実

一　はじめに

自殺は、現代の日本においてなお、「公認されない死」である。今も自殺者に対する世間の目は冷たい。彼らに対して、「身勝手だ、卑怯だ、責任回避だ、人生の戦いに敗れた人たちだ」といった誹謗中傷の声が絶えない。遺族に対しても同様で、彼らもまた、世間の批判や攻撃の的になることが少なくない。

自殺者やその遺族に対する人々のこのような偏見や差別がもっともはっきりと現れるのが葬儀の場面である。自殺者の葬儀に対して、親族から出席を拒まれたり、宗教家から葬儀を拒まれたり墓地に埋葬することを断わられたという話をよく聞く。しかし、このような事実を、遺族はあえて、人前で公表しようとはしない。なぜなら、遺族が、このようなことを公にしても、なにも得ることはないし、かえって、そのことによる二次的被害をこうむることすらあるからだ。

このようなことを恐れて遺族は自殺者の葬儀を行えなかったり、また、たとえ、実行できたとしても、公にできず、だんだん社会から孤立していってしまう。

本来葬儀は、公開されるべきものであり、遺された人々が死者を悼み、その悲しみを共有する場であるはずだ。遺族はそこに集った人たちと一緒になって、悲しみを分かち合い、グリーフ・ワーク（喪の作業）を行うことによってはじめて悲嘆を和らげることができる。葬儀は、本来こうした悲嘆を緩和する〝装置〟として、機能してきた。しかし、自殺者の遺族の場合、そのような機会は奪われている。彼らは、世間や親族から、自殺者の遺族であるというレッテルをはられ、色メガネで見られた。つまり、偏見と差別を受け、周囲の人々から疎んじられ、避けられ、見捨てられてきたのである。

その結果、どういうことになるかというと、すでに述べたように、彼らは孤立し自閉的になる。このようにして悲しみを外に向けて発散する機会をなくした遺族はその悲しみを抑圧し、そのことが悲嘆の遷延化を促し、メンタルヘルス（心の健康）に悪影響を及ぼすだけでなく、彼らの孤立的、自閉的態度は行政や医療機関からの悲嘆に関する情報提供や医療支援の機会を奪ってきた。

自殺者やその遺族に対して、恥や汚名を浴びせかけ、スティグマ（烙印）化するような風潮はいつごろから始まったのだろうか。スティグマという言葉は、奴隷や犯罪者、あるいは近代ではナチスドイツからみたユダヤ人などを一般の人々から識別するために肌に焼印を刻みつけることをさす。そのルーツは古く旧約聖書では、アベルを殺した兄のカインが、しるし（スティグマ）をつけられた（創世記4・15）と記されており、ここではスティグマという言葉は罪や恥との関連の中で物語られてきた。英語では、自殺を犯す（commit）という使い方がある。このような表現の中にも、自殺に対する世間の「自殺は犯罪である」といった評価や価値判断が含まれているように思う。

現代の遺伝生物学は、自殺に対して、優生学的視点を導入し、自殺における生物学的要因を強調し、自殺者やその遺族に対する偏見や差別を助長した。このような歴史的・社会的・医学的背景のもとで、自殺者やその遺族に対する偏見やその遺族の恥や罪の意識が醸成されていったといえるだろう。

こうした、社会的状況の中で、ひっそりと引きこもっている遺族に対して、先にも述べたように、公的サービスや自助グループに関する情報はなかなか行き届かず、また、学問としてその実態を把握するための調査を行いたいと思っても、そこにメスを入れることは困難である。さらに、自殺をしたという事実の公開が阻まれてしまうがゆえに、その悲しみの抑圧に伴う慢性悲嘆や複雑な悲嘆の発現と、そうした病的悲嘆の精神医学的、心理学的介入の難しさが指摘されている。

このような点を踏まえた上で、本稿では、自殺者の遺族の悲嘆をどのようにしたら緩和できるかという点に的を絞り、考察を加えていきたいと思う。

自殺は、特殊な死である。自殺の原因は身体的、精神的、社会的、スピリチュアルな要因が関与していることが知られており、多くの死別に伴う悲嘆の中でも自殺による悲嘆はその強さ、深さ、広さにおいて、突出している。その悲嘆は、とうてい科学や医学、社会福祉学、看護学、心理学、精神医学の力だけでは緩和できない。そこで、われわれは自殺者の悲しみを癒す方法として、スピリチュアルなアプローチに注目した。

具体的には、ユダヤ・キリスト教が、このような自殺者の遺族の悲嘆緩和にどのようなかたちで貢献してきたかといった問題について検討した。

本論に入るまえに、身内に自殺された遺族の悲しみが、なぜ特殊な悲嘆なのか、そして、その死が家族に与える影響等について考えたい。

二　なぜ自殺が「特殊な死」なのか——その死が遺族に与える影響——

人間の死の中には、自然死、老衰死、病死、災害死、事故死、犯罪による被害死などさまざまな死がある。その中で、自殺は、特殊な死である。自然死や老衰死、病死などは、他の動物にもみられる現象であって、決して、人間だけに認められるものではない。ところが、自殺は、人間が、自らの自由意志によって、死を選び取るものである。

それだけに自殺された遺族にとって、自殺者の死後、複雑な問題を残すことが多い。

それでは、多くの死に方の中で自殺は、どんな点が特殊な死であり、どのような複雑な問題を遺族に残すのであろうか。

(1)　衝撃的な死である

自殺は、「唐突な死の告知」であるといわれる。残された者にとってその衝撃は、戦争や災害、テロ、犯罪被害、レイプ、強制収容所における死等に優るとも劣らないほど大きいという。それは、予測できなかった死であり、こうした不意に訪れる死は、遺族にとっても周囲の人にとっても、その死の受容を困難にする。

とくに、凄惨な自殺場面を目撃し、一度その血と死のイメージが頭の中に刻み込まれると一生、忘れることができない心の傷（トラウマ）として、残ることもある。

また、自殺の場合、当事者が自殺か事故か他殺かの鑑別が必要になることが少なくなく、遺族は身内を自殺で失った悲しみの上に、自分が犯罪者扱いされ、警察の尋問に答えなければならないという屈辱に耐えなければならないこともある。さらに、発見直後、搬送の必要から救急車が呼ばれる場合があるが、遺族が救急隊の無遠慮な対応に、傷ついたという声もしばしば聞く。

このように、自殺は、当事者にとっても悲しい出来事であるが、残された遺族にとっても、自殺という悲しみの上にしばしば二次的被害に伴う悲嘆が加わることがある。

(2) 不条理感が強い

老衰死は、加齢によることがわかっているし、病死の場合は、病因がはっきりしていることが多い。しかし、自殺の場合は、きっかけは推定できるとしても、真の原因を突きとめることは容易ではない。そして、そのことが遺族にとって、重荷となることが少なくない。多年にわたる自殺学の研究から得られた知見によれば、きっかけは確定できることがあるとしても、自殺にいたった心理的過程（プロセス）には、多くの要素が関与していることが、明らかにされている。(1) 亡くなった人の素因および健康状態や環境（家庭、経済問題、学校、企業など）の影響など、複合的要因によって、当事者は自殺を決行する。それゆえ自殺の真の原因は、他者からとうてい解明できず、自殺の動機や原因を確定することは困難であり、ある意味でそれは、神秘的な領域に属する事柄であるといってもよい。

(3) タブー化された死である

自殺者は、生前、何らかの精神疾患に罹患していて、精神科医やカウンセラーなどの専門家の受診歴や、治療中断歴をもつものが少なくない。専門家の中には、自殺者の七五％は、何らかの精神疾患に罹患していたとする報告もあるほどである。(2) また、うつ病者や統合失調症者、アルコール依存症者ないし人格障害者の一〇％以上は、自殺という転帰をとるという報告もある。(3)

このようなデータが正しいとすると、自殺と精神疾患とは、密接な関連性があるといわなければならない。このような点に加えて、自殺者の精神疾患と遺族との遺伝的共通性や性格的類似性が拡大解釈され、自殺という事実が公開されると、その親族の結婚や就職や就労に支障をきたすという遺族の声も、時に聞かれる。(4) そのために、ますます、自殺はタブー視され、秘匿化されることになる。

(4) 家族間葛藤を引き起こしやすい

自殺者の遺族の抱える大きな問題の一つは、家族間葛藤が生じやすいということである。

家族間葛藤の内容は、いろいろあるが、その中でもとくに、子どもを亡くした両親の心理的確執は深刻である。自殺の原因をめぐって、父親と母親が、相互に相手を非難し合っているうちに、両者間に大きな心の亀裂が生じ、二度と再び、修復できなくなってしまうケースが少なくない。両親の不和に伴う母親の情緒不安が、残された子どもの養育に暗い影を落とし、そのことが子どものうつ状態(5)や不登校や非行の遠因になることもある。また、自殺を契機として、同胞同士や嫁と姑との関係が険悪化したり、夫の死により嫁が、家にいられなくなったという例もある。このように、自殺は、家庭内に思いもよらない波紋を及ぼすことが多い。

こうした事態が予測される場合、遺族は、防衛的になって外部の人にはもちろんのこと、親戚にさえ、自殺という事実を封印してしまう。そして、たとえその死を公表するとしても、死因に関して病名を変えたり、事故死扱いすることが多い。

（5） 特有の法的金銭的問題が生ずる

自殺に伴って、特有の法的金銭的問題が生ずることがある。たとえば、鉄道などに飛び込み自殺をした場合は、人身事故として処理されることが多いが、一時電車を止めたことになるから、会社側は、遺族に対して、多額の損害賠償を請求してくることがある。また、自殺した人が賃貸アパートに住んでいた場合、隣接した部屋に住む住民からのクレームや次の賃借人がなかなか決まらないことなどを理由に、家主から遺族が多額の金銭を要求されたという話もある。さらに、生命保険をかけていた場合、死因が自殺であることが明らかになると、自殺時期にもよるが、保険金が出ず裁判で争わなければならないこともある。そのようなとき遺族の精神的負担は死別の悲しみと重なるだけに大きいといわなければならない。また、自殺であるがゆえに、遺言などもなく、また死因をめぐって家族間の「悪者探し」が始まり、相続をめぐって争いに発展することもある。さらに、自殺者が多重債務を抱えていた場合、遺族は、その借金の処理をめぐって苦しむケースがある。また、過労自殺やそれに関連して企業側に責任を問う損害賠償請求のため裁判に発展した場合、遺族は、過剰な心理的負荷を抱えることになる。

（6） 怒りを顕在化させる

怒りは、悲しみの表現形式の一つである。悲しみが深ければ深いほど、怒りも強い。自殺の場合、遺族の悲しみが深く怒りが強いから、その影響はさまざまなところに現れる。怒りが、内に向けられた場合は、後追い自殺が行われることがある。家庭内に向けられたときは、離婚や別居、不和、子どもへの虐待、子ども自身の不登校、精神疾患の罹患、非行等にいたることがある。また、外部に向けられたときは、担当医への不満から医療訴訟に踏み切ったり、企業人であれば、過労自殺や労災として訴えることがある。これらの遺族の行動の根源には、悲しみに伴う怒りがあることを忘れてはならない。

その他、遺族は、マスコミ、警察、救急隊、宗教家、葬儀関係者、自助グループの指導者等の対応のまずさによる二次的被害を受けることが多々あり、そのクレームを公的機関や周囲の人々に訴えることが少なくない。こうしたクレームも、遺族の悲しみの深さや大きさに由来する怒りのために生じるということを、周囲の者は、きちんと理解し、適切な対応をとることが求められる。

(7) 複雑な悲嘆が多い

親しい人と死別した場合、悲しみの感情をもつことは、人間として当然であって、これは正常な反応である。死別に伴う悲嘆を、はじめから異常なものとみなしたり、病的なものと断定してはならない。

しかし、自殺の場合、その悲嘆が深刻であるがゆえに、複雑化するケースもある。遺族の複雑かつ病的な悲嘆反応のもっとも大きな特徴は、強い怒りが現れることと、過剰な罪責感にとらわれやすいこと、他外的には恥の感情が生ずることである。

この怒りや罪責感や恥の感情の処理や対応の仕方というものが、自殺者遺族の心理的ケアにとって重要な課題の一つとなることを忘れてはならない。

また、自殺者遺族は、自殺者の命日や誕生日や何かの記念日を契機に複雑な悲嘆反応を引き起こしたり、まれに後追い自殺や連鎖自殺、群発自殺を引き起こすことがあることが知られている。

三　自殺者の深層意識構造——とくに自殺様式の類型化の試み

自殺者の死にいたる深層意識構造は、神秘に満ちていて予測しがたい。そのために遺族は不条理感をいだく。しかし、遺族をケアする側にとっても、遺族自身にとっても、自殺者の深層意識構造、つまり、その心理や死にいたる過程（プロセス）を少しでも理解することは、彼らの不条理感を和らげるために、役立つところが大きいと考える。以上の点を踏まえて、自殺者の深層意識構造を解明するための手がかりとして、自殺者の自殺にいたる要因や心理過程別に、四つの型に類型化した。

（1）　自己愛型自殺

このタイプの自殺は、自己中心的なパーソナリティ（性格）を基盤としている。このような型に属する自殺者は、自分の命を、自分の自由意志の力によって、思いどおりにコントロールし、支配できると考えている。つまり、彼らは、自分の力で、自由自在にふりかかってきた運命や宿命、不条理と思われる出来事を克服できると信じている。

このような考え方の根底には、自分の強さに対する自信がある。自己顕示、自己讃美、自己英雄化、自己肯定、自己義認、自己美化が、彼らの生への態度、つまり基本的な生のパターンである。このような思考を押し進めてゆくと全能感ないし万能感あるいは、自己絶対化、自己神化への道をたどることになる。こうした態度の背景には、過大な生への欲望とそれを肯定しようとする態度が認められる。過剰な生への欲望は、健康、財産、生命、性、権力への執着として顕在化する。欲望は、これらの価値を効率よく獲得することを求める。そして彼らが、そうした価値の獲得競争に敗北し、己の弱さを露呈させる結果になったとき、自らその生を屈辱ないし恥と感じ、生きることを潔しとせず、自ら死を選択すべしとする一種の死の美学にとらわれていく。このような考え方の背後には、生命や人間への蔑視と自らを英雄視する傲慢、それに生への冷淡さがある。このような深層意識構造こそが死の絶対化を招来せしめるのであり、これこそが「死の偶像化」[6]といわれる事態に他ならない。

欲望という言葉は、本来、偶像ないし、空虚、倒錯といった意味をもつという。[7]そして、生の絶対化は、死の絶対化と通底し、しかも、両者は、相互に欲望に由来しつながっている。そして、欲望は、エロスという生の絶対化とタナトスという死の絶対化を露呈させるが、その到達点は、同一であって空虚であり無である。この欲望こそが偶像（アイドル）であり、その欲望にとらわれることによって生ずるのが、自己愛型自殺である。

(2) 自己犠牲型自殺

自己犠牲型自殺は、自己の信ずる神や隣人への愛や正義にかかわる理念、信条、信念、信仰が阻げられる事態が生じた時、進んで死を選択するタイプの自殺である。

たとえば、敵の攻撃や拷問を受け、自らの生命を守ろうとすれば、部下や家族、同胞など隣人の生命が奪われることがわかった場合、自らの命を犠牲にして他者の生命を守るケースなどがこの型の死に相当する。この場合敵の攻撃によって国や組織集団のリーダーは、それらの集団が崩壊の危機に瀕した時、自らの生命を犠牲にすることによって、部下や統治している人々を救うとする。このような自殺の背後には、リーダーや集団全体の名誉や理念が奪われたり汚されることや、周囲の人々の心身が傷つけられたり、財産が失われることに対して、自ら責任をとるといった義務感が隠されていることが多い。その他、部下の指導者に対する忠義や義務の証として、また、一族の汚名を避ける行為として死が選択される場合が含まれる（この例については、後述するサウル王の自殺、サムエル記上31・4―5参照）。

なお災害、事故など緊急事態の中で自分の命を投げ出して隣人の命を救う例があるが、このタイプの自殺も自己犠牲型自殺に属する。

借金のため家族が貧しくなったり、心やからだの健康が損われたことに対して、家族や組織などに迷惑をかけ、恥ずかしい思いをさせたことに対する罪責感から、命を絶つこともある。この場合も自己犠牲型自殺という範疇に属するといえよう。このタイプの自殺は、当事者が、自殺することによって、本人も楽になり、周囲の人々の苦しみも解放されることがあるから、一種の贖罪としての犠牲死、きよめとしての死であるといえよう。これらの自殺は、他者配慮的契機が隠されている。このような動機による自殺者に対して、周囲の者が、安易にその行為を裁いたり、批判することは慎むべきである。ただし、外面的には、他者に対して申し訳ないといった他者配慮的動機のようにみえていても、他方で、自分の面子や自己嫌悪や屈辱感、あるいは自己の顕示欲や自己英雄化の美学から自殺へと向かう自己愛型自殺や（4）で述べる自己病気型自死と鑑別することが難しい場合もあり、そこに自殺の原因追求の難しさがある。

(3) 自己被害型自死

自己被害型自死は、家庭、学校、企業、国家、そして国外の諸国家からの虐待、いじめ、疎外、裏切り、拷問、差別などによって、当事者が孤立し、窮地に陥れられ、追いつめられ、自殺する例である。このようなケースは、本人を取り巻く社会全体の責任、罪が問われるといわなければならない。

(4) 自己病気型自死

日本で毎年発表される自殺統計をみると、どの統計でも自殺の原因は、あらゆる年代、性差を通じて健康上の理由というものが一番多い。そして、健康が害された場合、さらにその原因を探っていくと、精神疾患によるものが、もっとも多い。(8) 精神疾患の場合、責任能力や自由意志能力が喪失ないし減弱していたり、認知の障害があったり、判断能力が低下していることが少なくない。このように考えると、自己被害型自死と並んで自己病気型自死は、本人自身の意志の関与する度合は、自己愛型自殺や自己犠牲型自殺より少ないといえる。

われわれは、かつて、自殺と自死という言葉を分けて使ったことがある。「自」は、自(みずから)からとも自(おのずから)からとも読める。自(みずから)からは、文字どおり自分の自由意志によって自分の命を絶つことで、「自殺」という言葉があてはまる。本稿では、自己愛型自殺や自己犠牲型自殺が、このタイプの死に相当する。他方、自(おのずから)から死ぬ場合は、自分の自由意志や責任で死を選ぶというよりも、むしろ、周囲の環境や心身の病気によって、本来は死にたくないのに、追いつめられ、やむをえず、死なざるをえなくなった、というケースがほとんどである。このような死を、われわれは「自死」と呼んだ。(9) 本稿で類型化した自己被害型自殺や自己病気型自殺は、自殺よりも自死という言葉がふさわしいと考える。

四　自殺と自由意志

人間は、自分の自由意志によって、生まれてくるわけではない。一人の人間が、生まれてくる時のことを考えた場合、神の計画（摂理）によるのか、親の意志によるものか、偶然のめぐりあわせなのか、意見はさまざまであろう。ただ一つはっきりしていることは、誕生は本人の意志ではないということである。

他方、誕生とは対極にある死の場合は、どうか。病気の場合、本人の自由意志とは無関係に、あたかも盗人のごとく、予測できない時に死が訪れることは、多々あることである。しかし、早期に予防や治療を施したり、心身の管理をきちんとすれば、ある程度人間の自由意志によって、死期を先送りすることができる場合もある。

自殺の場合は、どうか。これまで、専門家や公的機関によって、さまざまな自殺予防対策が打ち出されてきた。しかし、その成果は、十分あげられてきたとはいえない。その理由は、自殺という出来事は、当事者自身の自由意志が関与しているからだと思う。動物は、自殺するということがあるのだろうか。おそらく、自殺は、人間固有の死に方なのではないだろうか。

ここで、前章で掲げた自殺の四つの類型と自由意志の関与の度合との関係について、もう一度、整理しておきたい。（表1参照）

自己愛型自殺と自己犠牲型自殺とは、自由意志で自殺が遂行される度合が強く、自己被害型自死と自己病気型自死は、本人の自由意志や責任で死を選ぶというよりも、むしろ、災害や家庭や学校、企業、国家や外国の権力など外からの圧力や自分の心身の病気によって、やむをえず、死へと追い込まれてしまう例であると判断される。この場合、本人の責任や自由意志によって自ら命を絶つというよりも、周囲の圧力や病気の力に強いられて、自らの命をあやめざるをえなくなったと考えるほうがよいのではないか。それゆえ本人の自由意志の関与する度合は、自己愛型自殺や自己犠牲型自殺より、少ないといえる。

表1　自殺の四類型と自殺者の自由意志および対象との関係性について

	自己愛型自殺	自己犠牲型自殺	自己被害型自死	自己病気型自死
自由意志の関与度	強い	強い	弱い	弱い
自殺者と対象（他者、自己、神など）との関係性について	関係性は断絶	関係性を大切にする	関係性は希薄ないし断絶	関係性は希薄ないし断絶

五　自殺と「関係性」について

次に、前述した自殺の類型と、神や他者および自己との「関係性」について、考えてみたいと思う。

自己愛型自殺は、閉鎖的な自殺といえるのであって、このようなタイプの自殺者は他者や神との関係をもともともとうとしない。一種の自己完結的自殺ともいえるが、実は、自分の中の本当の自己（真の自己）と向き合っているとは思えない。本質的には、自己愛型自殺は、神や他者、自然、自己等とのあらゆる絆やつながり（関係性）を絶ち切り、自己嫌悪を伴い虚無の世界の中で、死が選択されてゆく。自己愛型自殺では、欲望の肥大と自己英雄化、自己讃美、自己神化、生の絶対化とその結果として生ずる死の絶対化、死の美化、死の英雄化そして、その最終到達点として、死が選び取られる。この過程には、あらゆるものとの関係性の断絶がある。

次にいろいろな型の合併例について考えてみたい。たとえば敗戦時、よくみられる戦争指導者の自殺は、その動機を探ってゆくと、自分の面子が保たれないことによる自己愛型自殺という側面と、戦争に敗れ、自分が追いつめられて死にいたる自己被害型自死という側面と、部下や市民に対する責任のゆえに自分の命を絶つという自己犠牲型自殺という側面をもつように思われる。

自己犠牲型自殺は、他者との関係性や絆を大切にする。また、自らの創造性との関係に配慮する。さらに、神との関係性、つまり信仰や祈りをも重視する。このように、他者や自己や神（自然）との関係性を、己の命より大切にすること、つまり、自己を犠牲にし、他者を配慮するために、己の生を犠牲にすることができる人は、己の生と死を超越することができる人である。言い換えれば、このような人は、愛や真理や美や善や創造性を自分の命より優先することのできる人である。このようなタイプの自殺は、自己犠牲型自殺といえる。

自己被害型自殺は、自殺というより、むしろ自死といえるタイプの死である。この種の死は、すでに述べたように、外から当事者と関係を絶とうとする力、すなわち、貧困、差別、疎外、いじめ、裏切り、憎悪、猜疑、嫉妬などといった悪の力に圧倒され、人間不信やその結果生じた苦しみからの逃避、孤立、絶望の結果として、命を絶つ、つまり、外から強いられて関係性を切断された結果、やむをえず自ら命を絶つ死である。

自己病気型自殺も、自死という言葉を使ったほうがふさわしい。種々の統計によると、現代の日本では、この自己病気型自死がもっとも多い。この種の自死は、病気のために、自己との関係も他者との関係も切り結ぶことが困難になった結果生じた死である。なお、自己被害型自死と自己病気型自死とは心身の病気が環境と深いかかわりがあるので、両者は密接な関連性があり、表面的には、鑑別できないケースが少なくない。

以上、これまであげた四つの「自殺類型」と、本人の自由意志の関与の度合および、自他、神との関係について、まとめたのが表1である。ただし、これまで指摘してきたように、これらの類型化の試みは、あくまで整理するためのものであって、現実に起こってくる自殺や自死は、さまざまな合併例が多いことを確認しておく必要がある。このように自殺者の深層意識構造は大変入り組んでいて複雑であるという認識だけはきちんともっておく必要があると思う。

六　自殺とユダヤ・キリスト教——とくにサウルのケースを中心に

前章で、われわれは、自殺者の深層意識構造を四つの型（パターン）に分類した。

第一は、自己愛型自殺であり、第二は、自己犠牲型自殺である。第三は、自己被害型自死であり、第四は、自己病気型自死である。そして、上記の分類による自殺あるいは自死と自由意志の関与の度合および、自・他・神・自然との関係性という視点から考察を加えてきた。本章では、前章で提出した分類に基づく自殺理論を基礎に、イスラエルの初代の王であり、ユダヤ・キリスト教の歴史の中で大きな足跡を残したサウル王の自殺について多面的に分析する。周知のごとく、サウルの在位期間は、紀元前一〇二〇—一〇〇〇年ごろといわれており、彼はペリシテ人との戦いに敗れ自殺したとされている（サムエル記上31・4—5）[10]。

(1) 自己愛型自殺者としてのサウル

自己愛型自殺者の特徴として、自己顕示、自己英雄化、自己肯定、自己義認が、彼らの基本的な生のパターンであり、その背後には、全能感や自己絶対化、自己神化の思想があることについてはすでに指摘した。そして、そのような自己絶対化や自己義認、そして自己英雄化や自己神化は、生への欲望の肥大化によるものであり、最終的には、自己否定、死の絶対化、死の偶像化へといたり、死をもって終止符が打たれる。このような視点からサウルの生き方や死に方について考えてみたい。

サウルの顕示性、自己英雄化、自己中心性、自己愛性、権力への欲望について考える場合、はっきり現れてくるのは、ダビデに対する態度である。ダビデは、後にイスラエルでもっとも偉大な王となった人物であったが、若いころは、サウルに仕えていた。ところが、ダビデが異邦の民族であるペリシテ人の戦士ゴリアテと戦って勝ち、その武勲により民衆の人気が高まる(サムエル記上18・7および21・11)と、サウルは己の優越感を保持できなくなり、劣等感にとらわれることへの不安から、彼に嫉妬し、さらに、ダビデに権力を奪われるのではないかという恐れと猜疑心に怯えて、彼を殺害しようと企てた(サムエル記上18・8—11)。ここに、彼の自己中心性、顕示性、権力への欲望への固執、自己義認、自己神化への思想が、見え隠れしている。サウルの誇りや自尊心は、ダビデに対する態度から判断すると自己の偉大さを誇示ないし顕示することにあり、決して、その誇りは、他者と共有しうるものではなかった。このように、サウルは、預言者サムエルが選び、神に祝福され、王に就任したものの、己の自己愛から完全に脱却することができず、最終的には、自らの権力欲、顕示欲にとらわれ、神からも、民衆からも、先輩の預言者サムエルからも疎んじられるようになった。つまり、サウルは自らの自己中心性(罪)のゆえに自分から墓穴《ぼけつ》を掘る結末になったといえるだろう。

(2) 自己犠牲型自殺者としてのサウル

サウルは、ペリシテ人の軍勢とギルボア山において、最後の一大決戦を展開した。この戦いは、熾烈を極め、サウル軍は、この戦いに敗れた。この時、彼は敵の矢にあたり重傷を負う。サウルは、士師サムソンがそうであったように(士師記16・21)、ペリシテ軍に生け捕られ、なぶり者にされることを恐れ、自ら命を絶った(サムエル記上31・4—5)。この時のサウルの心境を分析してみると、自分が、神からの召命を受け、イスラエル国家を統治し、イスラエルの諸部族を外敵の侵略から守り、繁栄に導く責任があるにもかかわらず、その使命を十分果たすことなく、敗北したこと。また、それだけでなく戦争によってイスラエルの民衆や兵士に、物心ともに多大な損害ないし迷惑を与えたこと。そしてその責任をとって、サウルは自殺したのだという見方も可能ではないか。このように考えると、サウルの自殺行為は、自ら、イスラエルの部族への責任をとるという良心的態度に依拠しており、自民族が敗北するという痛みを体験している時、その痛みを共有し、彼らの痛みを負うという責任感からの自殺と考えることもできる。つまり、彼の自殺は、部下や民衆に申し訳ないという謝罪の気持ちをこめた自殺であり、他者配慮的契機が隠されているといえよう。サウルの場合、客観的にみて、自らの命を絶つことで、イスラエル民族を救えたわけではなかったが、彼の意識の中に、自らの命を絶つという犠牲を払うことによって、自らのイスラエルの王としての誇りを失わず、しかもその責任(つまり罪ほろぼし)の一端を自ら担おうとする自己犠牲的契機が含まれていたように思われる。

ちなみに戦後、日本でも統治者の戦争責任が問われ続けてきた。第二次世界大戦終結直後、指導者の一部が自殺、ないし自殺未遂している。自分の面子や国の勢力拡大といった自己愛的、自己中心的動機が隠されていたにせよ、国民の命や名誉や、繁栄がかかった戦いに敗北した場合、統治者の責任が問われよう。その場合、為政者の自殺は、自己愛型の動機づけをもった自殺であるという解釈も成り立つが、他方で、国民の損害への謝罪と配慮として決行する犠牲死ないし贖罪死として彼らの死を位置づけることもできよう。サウルの自殺にもこれと同じように、その罪が関与し、しかも、他者に申し訳なかったという意志表示としての死、つまり自己愛型自殺と自己犠牲的自殺、さらに、外敵に追いつめられての自己被害型自死といったさまざまな側面があるように思われる。

(3) 自己被害型自死者としてのサウル

イスラエルの初代の王であるサウルは美丈夫で、背丈は民の誰よりも肩から上だけ高かった（サムエル記上9・2）とある。当時のイスラエルの諸部族は、周辺の異邦民族であるアンモン人に再三にわたって、侵略されていた。ところが当時のイスラエルの諸部族は弱く、結束力が乏しく、外敵に対抗するために、政治的・軍事的に強固な組織を構築することが、急務とされていた。そのために統率力のある指導者の出現が求められていた。以上のような理由から、神の預言者であったサムエルは、国の指導者たるべき人材を探していた。そして、彼のメガネにかなったのがサウルである。彼は、王位に就任して以来、アンモン軍の侵略から、自国の民族の住むヤベシュ・ギレアドを救うなど、さまざまな武勲をたてた。しかし最後にペリシテ軍とギルボア山で戦った際に、その戦いに敗れ、自殺した。このように、サウルの自殺の直接の原因は、戦争による敗北という外圧によるものであったと考えられる。

彼は、敵の攻撃によって敗北を重ね追いつめられ、孤立し窮地に陥り、自殺したのである。その意味で、彼の自殺はすでに述べたように、自己愛型自殺および自己犠牲型自殺という側面の他に自己被害型自死という側面ももっているといえる。ちなみに、サウルが自殺した際、ケウルの子、ヨナタンをはじめ、その部下たちも、上司であるサウルに忠誠を誓い、自殺しているから、彼らの自殺は一族の「集団自決」である。彼らも、イスラエルの名誉が傷つけられ、捕囚として恥さらしになるよりも、上司に忠誠を誓い、死を選んだのであろう。その意味で彼らの自殺は自己被害的自死と自己犠牲的自殺の両面をもつ。

(4) 自己病気型自死者としてのサウル

サウルは、初代イスラエルの王としての名誉を与えられた偉大な政治家であり軍事的指導者であったが、内面的には、いわゆる「ストレス脆弱性」のある繊細な神経の持ち主であったようだ。

「神からの悪霊が激しくサウルに降り、家の中で彼をものに取りつかれた状態に陥れた。ダビデは傍らでいつものように竪琴を奏でていた。サウルは、槍を手にしていたが、ダビデを壁に突き刺そうとして、その槍を振りかざした。ダビデは二度とも、身をかわした」（サムエル記上18・10―11。以下聖書の引用は『新共同訳』（日本聖書協会、一九九一年）による。傍点筆者）。

この記事から推測すると、サウルは、一時精神錯乱状態に陥ったことがわかる。ここには、そのような精神的に不安定になったサウルに対して、ダビデが竪琴を奏でて慰め、癒している光景が描かれている。

サウルの狂気は、部下のダビデが武勲をあげ、民衆が「サウルは千を討ち、ダビデは万を討った」と歌ったことに対する嫉妬のためであると聖書の記者は記している。このような原因はあったにせよ、サウルには、精神的変調をもらすような生物学的な弱さが、潜在的に存在したのではないだろうか。もし、サウルがバランスのとれた性格をもっていたら、ダビデが武勲をあげたことに対して、衝動的に激怒したり、悪霊が憑いたり、ダビデを殺害しようとするといったような行動はとらなかったのではないだろうか。

筆者は、自殺者の場合、もともと素因的に、「ストレス脆弱性」があるのではないかと考えている。サウルの場合も、外的ストレスによって、容易に精神的変調をきたしやすい性格的弱さがあったのではないだろうか。

このように考えてくると、サウルの自殺は自己病気型自死と劣等感をもたらす状況の影響を受けての自己被害型自死の合併という側面も認められると考えられる。

以上、サウルが自殺ないし自死にいたった動機を、さまざまな角度から分析してきた。この結果をまとめると、彼の死を自己愛型および、自己犠牲型の自殺ととらえた場合、まさに、自らの決断、つまり、自由意志によって己の死を選び取ったという側面が強く現れていると解釈されよう。さらにその中でも、自己愛型自殺という側面を強調すれば、自己の名誉、野望、恥、自尊心、面子、欲望の固執、屈辱感、自己嫌悪のゆえに自殺を選択したことになる。他方、神や自国の民への責任、献身、謝罪、共感と共苦など良心的理由で自殺を遂行したという見方に立てば、自己犠牲的ないし殉教的自殺の色彩が強くなる。また、自己被害型自死という側面を強調した場合、サウルにあっては、外敵であるペリシテ軍の侵略を受け、戦ったものの敗退し、窮地に陥り、追いつめられて命を落としたという解釈を採用することになろう。

他方、サウルの死を自己病気型自死によるととる場合、ダビデに対する嫉妬のためとはいえ、自分の心や身体のストレスに対する弱さのゆえに、自分の精神のバランスをコントロールできなくなり、自己愛的・自己防衛的になって、追いつめられ、最終的に死を選ぶにいたったと考えられる。そして、自己被害型自死も自己病気型自死も、自殺という言葉を使わず自死としたのは、筆者がすでに述べたように、自分からは死にたくなかったのに、身体的・精神的弱さのゆえに、あるいは外的環境の変化によって、死を選ばざるをえない状況に追い込まれ、死にいた

った と考えるからである。

われわれがこれまで考えてきた、自死または自殺の分類を、サウルのライフ・ヒストリーと照らし合わせてみると、彼の死に方が四つの類型の中のどの範疇（カテゴリー）に入るかということを、はっきりと確定することは難しい。

自殺の原因に関していえば、人間の判断には限界があり、神に委ねなければならない領域であるという謙虚さをもつ必要があることに気づかされる。

七　サウルの自殺と罪との関係

聖書の中で、自殺した人物に関する記事は、そんなに多くはない[11]が、サウルの自殺に関する記述は、数少ない例の一つである。自殺に関する聖書の記述をみていくと、とくに否定的でも肯定的でもない。しかし、アウグスティヌスやトマス・アクィナスなど初代教会の指導者は、自殺者に対して、寛容ではなかった[12]。彼らは、自殺をモーセの十戒「あなたは、殺してはならない」（出エジプト記20・13、申命記5・17）という戒律に反する罪ある行為としてとらえている。このように自殺者およびその遺族を罪責と関連づけて考えることは古今東西広く普及しているようで、現代の日本でも自殺者の遺族と接していて感ずることは、この罪責の問題がグリーフ・ケアやグリーフ・ワークの中核的な課題となっているということである。そのことは、罪責の問題を解決することが、悲嘆を緩和する際に普遍的な重要テーマであることを示唆している。

そこで、本章では、自殺者サウルのケースから罪責と自殺の関係について、考えてみることにしたい。

まずサウルが、その生涯の中で、犯した罪に関して記述されている記事を取り出してみよう。

第一に、サウルは彼を選び、登用してくれた預言者のサムエルの命令に従わなかったという記述がある。具体的には異邦民族であるアンモン人との戦いの中で、サムエルは、サウルに自分が到着するまで、燔祭をささげる儀式を待てと言っておいたにもかかわらず、サムエルの到着が遅れたことを理由に、自分勝手な判断で、燔祭のための献げ物をささげた（サムエル記上13・5—11）。サウルは、サムエルの命令に逆らい独断先行した理由を、自分の兵士たちが、サムエルの到着を待てずに散り始めたので、焦って、自分の判断で燔祭をささげたと弁解している。サウルは、神の代理人であったサムエルの命令よりも、民衆や部下の意見を重んじたのである。つまり宗教的判断より、政治的判断を重視した。このようなサウルの対応に対して、サムエルは「あなたは、愚かなことをした。あなたの神、主がお与えになった戒《いまし》めを守っていれば、主はあなたの王権をイスラエルの上にいつまでも確かなものとしてくださっただろうに」（サムエル記上13・13）と述べている。

第二に、サウルは、自分のために戦勝碑を建てた。これは、彼の自己神化、自己偶像化、自己英雄化の思想を現しており、神が嫌われる行為である（サムエル記上15・12）。

第三に、異邦民族のアマレク人との戦いにおいて、勝利した際に彼は、禁止されていた戦利品を持ち帰った（サムエル記上15・15—21）。このことが主によって罪とされた。物への欲望や執着を主にうたれたのである。

第四に、サウルは、はじめ部下のダビデを愛した（サムエル記上16・21）が、ダビデが武勲をたて、人々に賞賛され始めるやいなや嫉妬心をいだき、彼が権力を奪うのではないかとの猜疑心にとらわれ、彼を殺そうとした（サムエル記上18・10—11）。このことは、サウルの犯した大きな罪の一つである。

第五に、サウルの口寄せや占いあるいは魔術に対する態度が問題になる。はじめ彼は、これらの事柄を神が禁止されたがゆえに、こうしたことに携わる宗教者に伺いをたてることに対して否定的な考えをもっていた（サムエル記上28・3）。ところが、彼が戦争中、窮地に陥ったとき、変装し、口寄せ女のところに訪れている（サムエル記上28・8）。このように、彼の言行には、矛盾したところが多かった。彼には、神の恵みや神にたてられたサムエルの命令より、自分や口寄せ女やイスラエルの民衆の意見を優先させる傾向が目立ち、このことが、神によって罪とされた。

八　サウルの行った罪をどう考えるか

これまで記してきたように、サウルは、その人生の途上において、さまざまな罪を犯した。それらの罪をどう考えたらよいのであろうか。この点について、解く手がかりとなる聖書の記事がある。それは、サウルがペリシテ人との戦いに敗れ自殺した後に書かれている記述である。

「ギレアドのヤベシュの住民は、ペリシテ軍のサウルに対する仕打ちを聞いた。戦士たちは皆立って、夜通し歩き、サウルとその息子たちの遺体をベト・シャンの城壁から取り下ろし、ヤベシュに持ち帰って火葬に付し、彼らの骨を拾ってヤベシュのぎょりゅうの木の下に葬り、七日間、断食した」（サムエル記上31・11―13）。

サウルは、ペリシテ人との戦争による敗北の責任をとって自殺した。この敗北と彼の罪との関係、さらには、イスラエルの部族に属するギレアドの住民が、サウルの遺体を故郷まで搬送し、火葬に付し、遺骨を蒐集し、丁寧に葬り、哀悼の意を表し、七日間、断食をしたということは、どのような意味をもっているのであろうか。

そもそも、ユダヤ・キリスト教においては、人間の罪とは、自己中心、自己愛、自己神化とそれに伴う人間の欲望の肥大（これを偶像といってもよい）によるものであり、その罪の値は死であるとされた。神は、罪から距離を置き給うように、死をも、忌み嫌われる。罪と死の汚れは、神との関係を遮断し、両者を引き離すものである。それゆえ、たとえ、王の位にあるサウルであっても罪の中にとどまる限り死をまぬがれることはできない。それどころか、罪は、死後にも影響を及ぼす。遺されたイスラエル人は、そう考えたのである。

旧約聖書の中には、死後、すなわち陰府の世界に関する記述は少ない。それでも「陰府も神の前ではあらわである」（ヨブ記26・6）とか、「たとえ、彼らが陰府に潜り込んでも、わたしは、そこからこの手で引き出す」（アモス書9・2）という希望に満ちた言葉もある（この他、詩編30・4も参照）。しかし、旧約聖書の死後に対する考え方は、全体的に暗い。

彼らにとって汚れと恥辱のうちに陰府に下ることは憂慮すべきことであった。それでは、「人も陰府に下ればもう、上ってくることはない」（ヨブ記7・9）といわれるその陰府から人間が救済されるためには、どうすればよいか。そのためには人間の罪が贖われる必要があるというのが、聖書の主張である。「神はわたしの魂を贖い陰府の手から取り上げて下さる」（詩編49・16）とある。そして、その贖いの内実とは、血の贖いが必要であるとされる。「あなたたちの命である血が流された場合、わたしは賠償を要求する」（創世記9・5）。血が流され、命が失われるという罪に対しては、それなりの賠償、つまり贖いが必要なのである。

しかし、人間はその罪を贖う力はない。そのために、贖うものが必要になる。とくに、野で殺された者など非業の死をとげた者に対しては贖いが必要とされた（申命記21・1―9）。それが旧約においては燔祭の献げ物であり、新約ではイエスの十字架による罪の贖いによって代償とされたという贖罪思想へと深化、発展していった。つまり、イエスの血は贖いの供え物（ローマの信徒への手紙3・25、ヘブライ人への手紙9・12）であって人間の罪はイエスの血によって救われると聖書は記している。

ところで、旧約の世界においては、戦争による流血の惨事で死亡した人々（歴代誌上10・12）や刑死者（ヨシュア記7・25）、また、近親相姦を行った者（レビ記20・14）や祭司の娘で売春した者（レビ記21・19）で殺された者、自殺者（サムエル記上31・11—13）など、いわゆる「非業の死」をとげた人間は、裁判官や長老、祭司などがかかわり、火葬し、丁寧に埋葬される必要があった。

このように血が流され、あるいは罪が関与する死の場合は、当時の習俗に反して火葬とされたことは、何を意味しているのだろうか。それは、火は、罪による死という汚れをきよめる役割を有していると考えられていたからである（ヨシュア記7・15、25）。このことから考えると、ヤベシュ・ギレアドの住民がサウルを火葬に付したのは、儀礼的に汚れをきよめるためであったといえよう。つまり、火は咎《とが》の許し、罪の赦免を意味すると考えられた。「彼は、わたしの口に火を触れさせて言った。「見よ、これがあなたの唇に触れたので、あなたの咎は取り去られ、罪は赦された。」」（イザヤ書6・7）。

「すべて火に耐えるものは、火の中を通すと清くなる」（民数記31・23）。このように、火は、汚れを浄化し、罪からの救いを成就するという考えに基づいて、罪ある者の火葬を肯定化し正当化したものと考えられる。火という試練は汚れをきよめるとされた。火葬にはきよめる面と汚す面があった。贖いのないまま火で焼き払うことは、汚れた行為であるとする記述は旧約聖書の随所にみられる（アモス書2・1、列王記下23・16、歴代誌下34・4—5）。その意味で、火と贖罪とは、密接な関連性があり、そこから、火のような試練といえば、贖罪的意義を有すると考えられるようになった（新約聖書とのかかわりでは、後述するようにペトロの手紙一4・1、1・6—7参照）。

以上、サウルの死と血と罪、さらには、その救済と贖罪との関係、この間の出来事を象徴的に現す儀式として火葬が用いられたことの意義、および、火には、贖罪を象徴する意味があること等について言及した。

繰り返していえば、たとえ、イスラエルの王であるサウルであろうと、自らの犯した罪に対しては、その罪に対する賠償を支払わなければならない。もし自分で己の罪を贖うことができなければ、それに代わって、燔祭をささげて贖罪をする必要がある。

たとえ王であろうと庶民であろうと、周囲の人々の中に、また自己の中に罪は存在する。それによって、血（シンボル的な意味を含む）が流れ、人は死ななければならない。ダビデは息子のソロモンに、死期が近づいたとき、「平和なときに、血を流すような行為をしたものは、安らかに陰府に下ることを許してはならない」といったような趣旨のことを述べている（列王記上2・5—6）。こうした罪に伴う悲嘆と苦痛を緩和するためには、贖罪が必要である。このことを、旧約聖書では、火葬の儀式を、新約聖書では、キリストの贖罪を通して、われわれに教えているのではないか。ちなみに、イスラエルにおける葬儀儀礼には、死者をこの世から失ったことへの悲嘆の表明、死者のためのとりなし、死別による悲しみを残されたものが共有することといった意味があった。なお、この死者のためのとりなしとは、死者からもたらされる災厄の防御という意味と残された者の死者への罪を贖うということ、この二つの意味がある。

九　サウルと死別した後のギレアドの住民のグリーフ・ワーク（喪の作業）

サウルの遺骨は、ギレアドの住民によって手厚く葬られた（サムエル記上31・11—13）。

本来、遺体や遺骨が葬られないことは、神の呪いに触れることであった。たとえば、バビロン（イザヤ書14・19）、エドム（イザヤ書34・3）、ユダの王（エレミヤ書22・19）への埋葬拒絶と神の呪いとが関連していることを示している。預言者エリシャに油注がれた若者はイスラエルに反逆した異邦民族であるイゼベルを獣の食い物とさせ。彼女を葬ろうとする者は誰もいないと述べている（列王記下9・10および34—35）。ダビデは、「ペリシテ軍のしかばねを空の鳥と地の獣に与えよう」（サムエル記上17・45—46）と言っている。このように埋葬されないで、遺骨を野に放置しておくことは、神に呪われた状態にあることを示唆している。他方、遺体が火葬に付せられ、きちんと埋葬されることは、火によって罪がきよめられることを意味している（歴代誌下34・5）。

サウルが、ペリシテ軍とギルボア山での決戦で傷つき倒れ、自殺し、サウル率いるイスラエル軍は、無惨な敗北に終わった。この時、ヨナタンをはじめとするサウルの三人の息子たちも、戦死し、サウルと運命を共にした（サムエル記上31・1—6）。ペリシテ軍は、サウルと三人の息子たちが死んでいるのを見て、サウルの首を切り落とし、その遺体を、ベト・シャンの城壁にさらしものにし、彼の武具を奪い取り、アシュトレト（ヘブル語のǻštōreṯ = ǻšteretַ「婦人」とbošeṯ「恥ずべきこと」とが結びついた合成語。この言葉は女神偶像ないし豊饒女神を意味する）神殿に納めた（サムエル記上31・8—10）。この時、城壁にさらしものになったサウルの遺体を取り返しに来たのが、ヤベシュ・ギレアドの人々である。こうした彼らの行動の背後には、それなりの理由がある。

サウルが、イスラエル初代の王として登場する前に、アンモン人のナハシュが、イスラエル領地内のギレアドのヤベシュを包囲し、降伏しなければ住民の目をえぐるぞと脅かし、屈辱的な条件を提示し降伏を迫った。この時、住民はサウルに助けを求めた。彼は、民の声に耳を傾け、アンモン人と勇敢に戦い、ヤベシュ・ギレアドの人々を救った。この思いをヤベシュ・ギレアドの住民たちは、忘れなかった（サムエル記上11・1—14）。

それだからこそ、彼らは、大きな危険を冒して、戦場から約三十キロ離れているヤベシュまで、夜間サウルの遺体を運び、火葬して遺骨にし、その遺骨をきちんとしたかたちで弔い、先祖の眠る場所に埋葬し、彼に対する忠誠を示し、サウルの恩に報いたのである。このように人々のグリーフ・ワークが行われるためには、きちんとした埋葬や葬儀が重要であることをここで指摘しておきたい。埋葬をしないことは、汚れであり恥辱であり、呪いであった。

ところで、遺された者のグリーフ・ワークという観点から、こうしたサウルとヤベシュ・ギレアドの住民との関係を知っておくことは、重要である。

サウルの人生を回顧すると、確かに多くの失敗や欠点、罪の存在というものを認めざるをえない。そのことは、第六章の（1）および七章で指摘したとおりである。しかし、本章でこれまで述べてきたようにサウルという人物は、神が最初にイスラエルの王として選ばれ油注がれただけあって、人間的にも、すばらしい面を多くもっていた。この点を考慮することが、遺された者のグリーフ・ワークを考えるにあたって、重要になるのである。そこで、サムエル記に描かれたサウルの肯定的（ポジティブ）な人間像について考えてみよう。

まず第一に、サウルが王として登場した時、あるならず者が「こんな男に我々を救えるか」と嘲笑したという記事（サムエル記上10・27）が載っている。しかし、この男の予想に反してサウルがアンモン人を救った時、彼の部下が、そのならず者を殺そうと申し出た。その時、サウルは「今日は、だれも殺してはならない。今日、主がイスラエルにおいて救いの業を行われたのだから」（サムエル記上11・13）と答えている。

まず、神に栄光を帰する姿勢。つまり、「目には目、歯には歯」といった復讐の論理ではなく、愛敵の論理を貫こうとするサウルの姿勢は感動的である。このような敵対する者に対する寛大な態度は、サウルの長所であった。

第二に、サウルは、外敵であるペリシテ軍の侵略を防ぐために、常設の軍隊を組織し、イスラエルに団結するよう促し、彼らに希望を与えるとともに（サムエル記上14・20―22）ペリシテ人の支配力から、イスラエルを解放するために一生涯かけて戦った。この功績は大きい。とくに、サウルが、軍人として登場した初期のころ、アンモン人、ナハシュを撃退し、ヤベシュの住民を救った事は、記憶されてしかるべきである。

第三に、サウルは、神に対して、「焼き尽くす献げ物と和解の献げ物を持って来なさい」（サムエル記上13・9）と命じて焼き尽くす献げ物をささげた。そして、自らの罪を告白し懺悔している。「わたし（サウル）は、主の御命令とあなたの言葉に背いて、罪を犯しました。兵士を恐れ、彼らの声に聞き従ってしまいました。どうぞ今、わたしの罪を赦し、わたしと一緒に帰って下さい。わたしは主を礼拝します」（サムエル記上15・25）と。このようにサウルは、自分の犯した罪を告白し、悔い改め、主を神として礼拝しようとする敬虔な心をもっていた。

また、サウルは、生涯一人の妻のみを愛し、息子たちも、父に従順であった。とくに、ダビデは彼の息子のヨナタンとダビデ自身との関係を「女の愛にまさるおどろくべきあなたの愛」（サムエル記下1・26）と言わしめたほどヨナタンはやさしさとすぐれたの品性の持ち主であった。そして、ダビデは、サウルとヨナタンとの関係を「命ある時も死に臨んでも二人が離れることはなかった」（サムエル記下1・23）と記している。このように、サウルは愛する子に先立たれ息子のアブシャロムに反逆され、自らは姦淫の罪を犯したダビデと異なり、健全で平和な家庭生活を築いた。

以上のことを、総合的に考えると、神をして「わたしは、サウルを王に立てたことを悔やむ。彼はわたしに背を向け、わたしの命令を果たさない」（サムエル記上15・11）と言わしめたサウルだったが、他方で、多くの長所をもち、一生を彼なりにイスラエル民族を外敵から守るために尽くしたことを忘れてはならないと思う。

遺族が、自殺のために亡くなった者の罪を追及することは、容易である。しかし、死者にむちを打つように悪い点、罪の部分のみを論じていては、その悲しみは、一生涯癒されることはあるまい。また、遺族が自殺者に対して、また自らに対して罪責を追及しても悲しみは癒されない。罪の部分は、神による贖罪に委ね、亡くなった者の長所を想起し、たとえ罪の部分があっても許し、その人を評価するとともにその長所に学ぶ姿勢をもつことが必要ではないか。このことがこれまで行われてきたグリーフ・ワーク（振り返り）やグリーフ・ケアには、欠けていたのではないか。それゆえに、遺族はその罪責に苦しめられるのではないか。ダビデは、自分の命を絶ったサウルの死を知ったとき、その死を悼んで泣き、哀悼の歌をささげている（サムエル記下1・11—12、17—27）。

また、すでに述べたように、ヤベシュ・ギレアドの民が、長い道のりを危険を犯し苦労してサウルの遺体を、夜を徹して運び、故郷のヤベシュに持ち帰り、火葬に付し、丁寧に弔い、遺骨を故郷に埋葬し断食をした（サムエル記上31・11—13）のは、サウルと住民との間に、彼の罪を補ってあまりある愛と信頼関係が確立していたからではないか。このことは、悲嘆教育を行う者にとって重要な示唆を与える。生前愛を与えられた人間は、たとえ自殺によって、生と死に分たれたとしても、その人の罪を追及するのではなく、死者の安寧のために祈り、共に悲しみ愛の関係を続けようとする。

ユダヤ・キリスト教の死生観によれば、亡くなった者と遺族の罪責は、神と人間との仲介者である祭司のとり行う犠牲をささげる宗教的儀式を通して、赦免されるとされた。新約の世界では、仲介者なる大祭司キリストの贖罪によって赦免が成就した（ヘブライ人への手紙7・24—25）。

旧約時代においては、犯人が誰かわからないで殺され野に放置されるなど非業の死をとげた遺体が見つかったとき裁判人・長老、祭司が関与した。その際祭司は、犠牲の献げ物をして贖罪の儀式を行った（申命記21・1—9）。

他方、「レビ人祭司は、聖所で儀礼を行う祭司ではなく、地域において、各家庭を回り、現世における苦しみや救の癒し手として活動した」[13]（この点については、レビ記16・8―10、20―20に示唆的な記事がある）。つまりレビ人祭司は、「聖所に詣でることもままならない病人や貧しい民の聞き手となり、彼らの求めに応じてとりなしをした人であった」という。イエスが有名な「善きサマリヤ人の譬話」（ルカによる福音書10・25―36）の中で、傷ついて路上に倒れていた人の傍を見て見ぬふりをして通り過ぎていった祭司の行動を批判されたのは、このような背景があったからではないだろうか。

ところで、ヤベシュの住民がサウルを弔った後に断食をしたと記されている。ここで、断食と現代のグリーフ・ワークとの関係について考えてみたい。

断食という行為の中には、「節制する」とか欲望を「絶つ」とか「身体を悩ませる」といった意味をもつと同時に、悲しむこと（士師記20・26）、喪に服すること（サムエル記下1・12）や悔い改めを示すこと（ヨエル書2・12―13、ヨナ書3・5―7）といった意味を有する。旧約聖書の中で、規定されている断食ないし苦行は、大贖罪日に行われたという（レビ記16・29―31、23・27―32、民数記29・7―8）から、それは贖罪的意味ももっていた。

このようにみてくると、断食や苦行が、死者を失ったことへの悲嘆や死者に対する悲しみ、つまり、共感と共苦、死者と自己への懺悔、贖罪という意味を内包し、しかも、こうした事柄を実践するにあたっては、当事者の主体的行為、すなわち、欲望の節制ないし断絶、身体的苦悩といった「試練」〝代償〟を支払わなければならないことを意味していたといえよう。新約聖書にもこのような考え方は継承されていて、「キリストは、肉に苦しみをお受けになったのですから、あなたがたも同じ心構えで、武装しなさい。肉に苦しみを受けた者は、罪とのかかわりを絶った者なのです」（ペトロの手紙一4・1）と記されている。

遺族に対するグリーフ・ワークを行う場合、このような視点を導入することは大切である。現代の日本の葬儀は、葬儀のもつこのような本来的意味や精神が風化しているのではないか。とくに自殺者の葬儀は、それが「公認されない死」であるために、その場がグリーフ・ケアやグリーフ・ワークの場となりにくくなっている。遺族の側の亡くなった者との離別の悲しみと、それに伴う罪責感、後悔の感情、その苦しみ等を緩和するためには、贖罪としての神の代理人たる仲介者の存在が必要である。また、遺族が断食という、自らの節制を伴う苦行を行うことにより、神・キリストの苦しみの後に従うことになり、そのことが死者と自らの罪責に対する重荷を自ら担うことを意味する。つまり、断食に象徴される遺族の節制や苦難は、神による贖罪を信じ、自らもその十字架を担っていくことを意味する。ユダヤ・キリスト教では、長い歴史の中で、悔恨だけでなく、悲しみや苦しみにも新しい意味と価値を見いだしてきた。中世ヨーロッパ以来、キリスト教の伝統の中で説かれてきたライデンス・ミスティーク（秘儀としての苦しみ）という考え方がそれである（マルコによる福音書15・21、8・34、ルカによる福音書9・23、マタイによる福音書10・38を参照のこと）。

このような悲嘆を伴う苦行という行動化とその業を通しての悲しみの社会化のプロセスを経て、遺族はその悲嘆や苦痛や罪責感を、徐々に受け止めてゆくものと考えられる。

十　神を呪い死を願う生き方から喜びに満ちた生き方へと変えられること

自殺ないし自死は、病死や老衰死より、悲嘆が深いといわれる。その理由は、すでに第二章の自殺による悲嘆の特徴の項で触れておいた。しかし自殺や自死による悲嘆が深ければ深いほど、遺された遺族に対する援助（グリーフ・ケア）の必要性は、大きいといわなければならない。

この点について、聖書は、われわれにいろいろな示唆を与えてくれる。

まず、思い出されるのは、ヨブとヨブの妻との会話である。最初にヨブの妻は、ヨブに自殺を促すような言葉を投げかけている。すなわち、ヨブが、子どもを失い、財産を喪失し、自分の健康まで奪われたとき、妻は「神を呪って死ぬ方がましでしょう」（ヨブ記2・9）と自殺を促すようなことを言っている。それに対して、ヨブは、「わたしたちは、神から幸福をいただいたのだから、不幸もいただこうではないか」（ヨブ記2・10）と答えている。

彼は、自らの過去の幸福な生活と現在の不幸な状況を対比し、今の逆境に耐えられず死んでしまいたいとつぶやこうとはしない。ヨブは、幸福も不幸も神の摂理というか、御計画の中にあるということを信じ、その不幸を超越しようとした。つまり、人生の途上で遭遇する災禍を絶対的な悪、つまり、呪わしい出来事とせず、それを相対化し、悲嘆の中にあっても、その不幸を超越し、それを客観的に見つめようとした。そうしたヨブの不幸に対する態度は、限界状況の中で、実存的に生きる生き方である。実存という言葉は existence だが、「実存する」という語は、ラテン語で exsistere であり、この言葉を分解すると、ex（外に）sistere（＝出る、ある）だから存在の外へ「出る」、あるいは、外に「ある」という意味である。ヨブは、限界状況の中で、その悲しみの外に出て、あるいは「超越」して、客観的に悲嘆という出来事と向かい合おうとするゆとりをもっていた。ヨブにあっては、祝福と呪いとは、決して、対極にある出来事ではない。不幸の中にすでに祝福という〝種子〟が内在化している。

ヨブが、子どもの死、財産の喪失、自分の病気といった数々の試練を受けている時、彼の妻は、すでに述べたように共同訳では「神を呪って、死ぬ方がましでしょう」（ヨブ記2・9、傍点筆者）と言った。彼女は、幸福は善、不幸は悪、善は生、悪は死といった二元論の信奉者なのだろうか。

この傍点の箇所は、他の翻訳者である並木浩一によると、「神を讃えて死になさい」と訳している。[15] ここで並木は、「ヨブの妻は、夫が誰よりも高潔で、それを放棄しないことを知っているが、夫がこれ以上苦しむのを見ていられない。夫が神を呪って処罰を受けてでも、早く世を去ってほしいと思うが、彼が神を呪うわけがない。そこで彼女は、神を讃えて死んだらいいと夫に語った」のだと註を加えている。また、ハーパーの注解書「ヨブ記」によると、筆者が傍点を記した部分のヘブル語原典 brk は、祝福という意味（ヨブ記1・10）もあるし、それとは反対に呪い（ヨブ記1・5、11、2・5、9）という意味もあるという。[16] つまり、この言葉（brk）は、両義性を有していると記されている。このことは聖書では、祝福と呪いとを切り離さずいわば、包括的・全体的にとらえていることを意味する。たとえば詩編には「闇の中でも主はわたしを見ておられる。夜も光がわたしを照らし出す」「闇もあなたに比べれば闇とは言えない。夜も昼も共に光を放ち、闇も光も変るところがない」（詩編139・11―12）と記されている。また詩編の他の箇所には「主よ、あなたはわたしの魂を陰府から引き上げ、墓穴に下ることを免れさせ、わたしに命を得させてくださいました」（詩編30・4）とある（その他アモス書9・2参照）。このように、聖書では、闇や陰府、死は神の前で相対化されている。そして、それらは、祝福にいたる脇役にすぎない。身内の自殺という現世における最大の不幸な出来事の一つに直面し、悩み苦しんでいる遺族にとって、この指摘は重要である。

ここでもう一度、聖書における祝福と呪いの関係について、まとめておこう。

聖書全体の主張は、呪いから祝福へという道筋がつけられ、こうした方向性、つまり希望がみえる限り、呪いは、すでに、祝福の中に包括され位置づけられている。

呪いは、祝福という主役を浮き彫りにするための脇役ないし補佐役にすぎない。それだけではない、呪いに伴う苦しみは、神が与えられた試練であり、その背後は、神のまことがある。「わたしを苦しめられたのは、あなたのまことのゆえです」（詩編119・75）。それゆえにこそ、神の試練に基づく苦しみは、神のまこと、つまり、祝福へとつなげていかなければならない。預言者のエゼキエルは、呪われた現実から目をそむけ、悩み苦しむ者を援助せず、祝福へと導かない牧者に対して痛烈な批判を投げかけている（エゼキエル書34・1―16）。

「お前たちは、弱いものを強めず、病めるものをいやさず、傷ついたものを包んでやらなかった。また、追われたものを連れ戻さず、失われたものを探し求めず、かえって力ずくで、苛酷に群れを支配した」（エゼキエル書34・4）。しかし、神は、「彼らとわたしの丘の周囲に祝福を与え、季節に従って雨を降らせる。それは祝福の雨となる」（エゼキエル書34・26）とし、「わたしは失われたものを尋ね求め、追われたものを連れ戻し、傷ついたものを包み、弱ったものを強くする」（エゼキエル書34・16）と言われる。つまり、神は、呪いを祝福に変えると述べている。

身内の自殺による悲しみを体験した遺族は、弱い者、病んだ者、心身ともに傷ついた者である。神は、このような人々に祝福を与えると言われる。彼らを再生させると述べる。それは、このような悲嘆の中にある者にとって、希望であり祝福である。

自殺者は、いったん死んでしまった者である。彼らを聖書はどうみているのか。再びエゼキエル書をみてみよう。「主はわたしに、その周囲を行き巡らせた。見ると、谷の上には、非常に多くの骨があり、また見ると、それらは甚だしく枯れていた」（エゼキエル書37・2）。その後、主は、エゼキエルに対してこう言われた。「これらの骨に向かって、主なる神はこう言われる。見よ、わたしはお前たちの中に霊を吹き込む。すると、お前たちは生き返る。わたしは、お前たちの上に筋をおき、肉をつけ、皮膚で覆い、霊を吹き込む。すると、お前たちは生き返る」

（エゼキエル書37・5―6）。ここには、いったん呪われ死んだ者が再生する光景が描かれている。ここでも、呪われ、汚れ、陰府に沈んでいた死者が神に祝福された者として、再生する有様が描かれている。

自殺の場合、すでに述べたように、自殺者とその遺族の罪の問題を避けて通ることはできない。その中でも、遺族の罪責感の処理の問題は、大きな課題である。自殺に関しては、当事者にとっても、遺族にとっても、罪の問題は、解決しなければならないテーマであるといわなければならない。この呪いや罪と祝福との相互の関係はイエス・キリストの登場によって、新たな角度から光を照らされることになった。つまり、キリストのとりなしによって、呪われた死は祝福された生へと変えられる。

「キリストは、わたしたちのために呪いとなって、わたしたちを律法の呪いから贖い出してくださいました。「木にかけられた者は皆呪われている」と書いてあるからです。それは、アブラハムに与えられた祝福が、キリスト・イエスにおいて異邦人に及ぶためであり、また、わたしたちが、約束された〝霊〟を信仰によって受けるためでした」（ガラテヤの信徒への手紙3・13―14）。

これまで、日本においても、欧米諸国においても、自殺するという行為は、「汝、殺すなかれ」というモーセの十戒（出エジプト記20・13、申命記5・17）に対する律法違反であるとして批判されてきた。したがって、自殺者は呪われた者とみなされてきた。しかし、聖書は、自殺について、否定的な見解を示しているところはなく、有名な神学者のバルトやボンヘッファーも同様の立場に立っている。また、前述したガラテヤの信徒への手紙やヨハネによる福音書記事を読むと、自殺者やその遺族を罪人と決めつけたり、彼らに対してムチを打つような批判を浴びせかけたり、さらには、傷つき罪に怯え病み、弱くなったこのような人たちを糾弾することは、誤りではないかと思えてくる。

遺族の自殺者に対して犯した罪は、キリストの十字架による贖罪の信仰ゆえに許された。それと同じように自殺者の遺族に対する罪も、もしキリストの十字架による贖罪を伴う介入、つまりキリストの贖罪による「とりなし」があれば許される。

また、ヤベシュ・ギレアドの民が、サウルの死後、彼が民を救ってくれたことを想起し、彼に感謝の意を現したように、遺族も、自殺者をただ裁くだけでなく、彼の良い点を思い出し、感謝の祈りをささげることが求められているのではないだろうか。

そして、サウルによって救われたヤベシュ・ギレアドの民が、サウルを弔い断食したように、もし、キリストによって自らの罪を自殺者遺族自身が救われたとするならば、同じような悲しみに直面し、罪責感に悩み傷つき弱り病んでいる他の人々の重荷を担って生きてゆくことが、自らキリストによって贖われ祝福を与えられたことへの応答になるように思う。

十一　むすび

本稿では、自殺者の遺族の悲嘆に対して、どのように援助するか、また遺族自身のグリーフ・ワーク（喪の作業）をどのようにすべきかというテーマについて、キリスト教的臨床死生学の立場から論述した。

この課題を検討するにあたって、まず、自殺は、特殊な死であることを示した。次いで、自殺者の深層意識構造を分析し、それを四つの型に類型化した。その後、聖書に記されているイスラエル初代の王サウルが自殺した記事を取り上げ、彼のライフヒストリーを調べ、すでに範疇（カテゴリー）化した自殺の四つの型が、彼の自殺にいたる深層意識構造の中に潜在的に共存していることを明らかにした。このことによって、自殺の原因は、決して一つの要因に還元できないことを示そうとした。さらに、サウルの自殺と罪との関係や、その罪の贖いの問題、そして、彼の葬儀の形式や埋葬、断食のもつ意味について言及した。その後、サウルの死後、残された民のグリーフ・ケアや自らの喪の作業のあり方とユダヤ・キリスト教の死生観との関係について論じ、サウルの自殺とそれを取り巻く周囲の人々の対応の仕方を、現代に生きるわれわれのグリーフ・ケアやグリーフ・ワークを進めるにあたって参考にしようとした。

最後に、呪いや禍いとしての自殺から神の祝福にいたる道筋について、ユダヤ・キリスト教によって得られた知見と臨床の場で得られたそれとを関連づけながらさまざまな角度から検討した。

注

（1）精神保健福祉研究会『我が国の精神保健福祉』（精神保健福祉ハンドブック）平成一八年度版、太陽美術、二〇〇七年、一二五頁。
（2）飛鳥井望「自殺の危険因子としての精神障害――生命的危険性の高い企図手段をもちいた自殺失敗者の診断学的検討――」『精神神経誌』九六、一九九四年、四一五-四四三頁。
（3）高橋祥友「自殺」精神医学講座担当者会議編『統合失調症治療ガイドライン』医学書院、二〇〇四年、二九五頁。
（4）平山正実「グリーフケア・サポートプラザ　News Letter」一七号、二〇〇七年、二頁。
（5）アルバート・Y・ヒュー『あなたをひとりで逝かせたくなかった』佐藤知津子訳、いのちのことば社、二〇〇五年、五二頁。

（6）ボンヘッファー『現代キリスト教倫理』森野善右衛門訳、新教出版社、二〇〇三年、三一-三三頁。
（7）平山正実「不安からの救いについて　ギデオンの人間像から援助者のあり方を探る——とくに「枠」と「欲望」の関係をめぐって」聖書と精神医療研究会編『喪失が希望に変わるとき』いのちのことば社、二〇〇七年、一二五頁。
（8）精神保健福祉研究会、前掲書、一二五-一二六頁。
（9）平山正実「愛する人の自死」平山正実監修　グリーフケア・サポートプラザ編『自ら逝ったあなた、遺された私——家族の自死と向きあう』朝日新聞社、二〇〇四年、六-八頁。
（10）馬場嘉市編『新聖書大辞典』キリスト新聞社、一九七一年、五四二-五四三頁。
ジョアン・コメイ『旧約聖書人名辞典』関谷定夫監訳、東洋書林、一九九六年、一七四-一七八頁。
（11）アルバート・Y・ヒュー、前掲書、一四三-一四五頁。
（12）平山正実、前掲書、注（9）、六頁。
（13）鈴木佳秀「いのちを絶つことの意味について考える」庭野平和財団平和研究会編『平和と宗教——宗教の立場から自殺について考える——』二四号、二〇〇五年、五四頁。
（14）坂本堯「自殺について——カトリックの立場から」庭野平和財団平和研究会編『平和と宗教—宗教の立場から自殺について考える——』二四号、二〇〇五年、六〇-六一頁。
（15）並木浩一訳　ヨブ記『旧約聖書　Ⅳ諸書』旧約聖書翻訳委員会訳、岩波書店、二〇〇五年、三一〇頁。
（16）Edwin M. Good 編「ヨブ記」竹野一雄訳、J・L・メイズ編『ハーパー聖書注解』、教文館、一九九六年、四四四頁。

あとがき

本書は、聖学院大学総合研究所に設置されているカウンセリング研究センターが二〇〇六年と二〇〇七年に実施した共同研究「死生学研究」の研究成果を第一巻としてまとめたものである。第一巻に収録できなかった論考は第二巻に収められる予定である。

なお、共同研究は当初、九回の予定であったが、主題の大きさから四回を追加した。二〇〇七年五月二十六日（土）の研究会で「まとめ」がなされたが、その当初の計画により研究会の（中間的）まとめがなされたのである。

二〇〇六年度は、さいたま新都心にあった彩の国八番館「聖学院大学教室」を会場に、午後二時から五時の時間帯に研究会が開催された。日程と主題・講演者は次のとおりである。なお報告者の所属と身分は当時のものである。

二〇〇六年度は研究会を四回開催したが、一回に二人の講演者が立てられ、内容の豊富な講演であったにもかかわらず、残念ながら課題を共有するまでに議論をする十分な時間をとれなかった。それでも平均しても二十名を越える参加者があり、とぎれることなく研究会が続けられ、研究成果が本書によって公開されることになったのである。この参加者たちとその熱心な質問や意見が本叢書「臨床死生学」の内容に大きな影響を与えていると思う。

第一回　二〇〇六年十月七日（土）
①「日航機御巣鷹の尾根墜落事故　遺族の再生」
錦織　葆　聖学院大学総合研究所　死生学研究会　研究員
②「文学における雨イメージと喪の作業」
藤掛　明　聖学院大学総合研究所　専任講師
第二回　二〇〇六年十一月四日（土）
①「グリーフ（悲嘆）ケアにおいて、物語ることの意味」
高橋　克樹　豊島岡教会牧師・日本聖書神学校総務部長
②「親を亡くした子どもの死の理解」
村上　純子　聖学院大学総合研究所　研究員
聖学院大学グリーフ・ケアルーム・カウンセラー
第三回　二〇〇六年十二月二日（土）
①「詩人リルケにおける生と死」
小高　康正　長野大学教授　聖学院大学総合研究所研究員
②「カンボジアにおける大量虐殺について」
吹抜　悠子　関東学院大学研究所研究員
第四回　二〇〇七年一月二十日（土）
①「自死を想う人の心理とケア――いのちのケアはどこまで可能か」

斉藤　弘子　フリージャーナリスト

②「子どもを喪った遺族に対するグリーフケア」

宗村　弥生　東京女子医科大学看護学部教員

二〇〇七年度は、会場を、新都心ビジネス交流プラザ「聖学院大学教室」に移した。二〇〇六年度の反省を踏まえて、毎回、一人の講演とし、議論の時間を十分にとることにした。主題と講演者は次のとおりである。

第一回　二〇〇七年四月十四日（土）

「がん告知に対する態度から考察した日本人の死生観」

安達　富美子　東京歯科大学市川総合病院看護部長

第二回　二〇〇七年四月二十一日（土）

「闘病記と遺族」　門林　道子　昭和薬科大学非常勤講師

第三回　二〇〇七年四月二十八日（土）

「緩和ケアシステムに対する官民共同体制の構築～市民グループの立場から」

海野　志ん子　福島生と死を考える会会長

第四回　二〇〇七年五月十二日（土）

「ＨＩＶ薬害被害者遺族におけるグリーフケア」

村上　典子　神戸日赤病院・心療内科部長

第五回　二〇〇七年五月二十六日（土）
「遺族との対話――治療実践を通して」「まとめ」
平山　正実　聖学院大学大学院教授・精神科医
第六回　二〇〇七年六月三十日（土）
「臨床にみる生と死」　梅谷　薫　千葉西総合病院消化器内科部長
第七回　二〇〇七年九月二十二日（土）
「自殺者と責任能力」　五十子　敬子　尚美学園大学総合政策学部教授
第八回　二〇〇七年十一月十日（土）
「在宅医療におけるホスピス・ケア」
大西　奈保子　東北福祉大学健康科学部講師
第九回　二〇〇八年三月二十九日（土）
「悲しみから立ち直るには――人格的成長を目指して――」
平山　正実　聖学院大学大学院教授

執筆者には以上の研究会における講演を原稿に書き改めていただき、編者が全体を構成し、この第一巻ができあがったのである。原稿にまとまらなかった講演もあるが、諸般の事情から校正の段階で執筆者が出版を取りやめた原稿もある。研究成果を公開（出版）することの難しさと厳しさをあらためて知らされた次第である。

それぞれの現場からの考察を通した論考は、いま福祉や医療の臨床の場でグリーフケア、グリーフワークについて手探りで考え、実践を模索しておられる方々に考える手がかりを提供できるのではないかと願っている。

なお、本叢書は、臨床死生学の日本における開拓者であり、研究の推進者であられる平山正実教授が寄付された「臨床死生学出版資金」により出版される。記して平山教授に感謝したい。

最後になったが、講演者の方々、また研究会に参加し、貴重な意見を提供してくださった方々に感謝を申し上げたい。

聖学院大学総合研究所
山本　俊明

ワーク理事長。桜の聖母短期大学非常勤講師、福島家庭裁判所家事調停委員。主婦業のかたわら、主として遺族ケアに従事。
〔論文〕「死別体験者に対する援助のあり方——市民活動としての分かち合いのスタッフの立場から」東洋英和女学院大学大学院人間科学研究科修士論文、2003年。

村上　典子（むらかみ　のりこ）
1963年生まれ。神戸赤十字病院心療内科部長。心療内科医として、がん、災害、事故、自死などのさまざまな遺族のグリーフケアに携わっている。日本DMORT 研究会事務局長（災害時の遺族・遺体対応に関する研究会）。
〔論文〕「中高年女性の心身医学的問題——「喪失体験」という視点から」『日本心療内科学会誌』、2007年。「被災者・遺族・救援者へのこころのケア——救急医に知っていてほしいこと」『救急医学』、2008年。

村上　純子（むらかみ　じゅんこ）
1968年生まれ。聖学院大学総合研究所研究員。現在、聖学院大学非常勤講師として「キリスト教カウンセリング論」を教えているほか、赤坂グリーフケア・ルームのカウンセラー、および中学校、高校のスクールカウンセラーを兼務。臨床心理士。

宗村　弥生（むねむら　やよい）
1966年生まれ。看護師として病棟で勤務の後、2003年より東京女子医科大学看護学部に助教として勤務している。専門は小児看護学。先天性疾患の子どものトータルなケアに関心を持っている。

小高　康正（こたか　やすまさ）
1950年生まれ。長野大学企業情報学部教授。近代ドイツ文学専攻。メルヒェン研究。文学的死生学研究。
〔翻訳〕ペーター・シュタインバッハ、ヨハネス・トゥヘル『ドイツにおけるナチスへの抵抗　1933-1945』（共訳）、現代書館、1998年。
〔論文〕「堀辰雄『風立ちぬ』における悲嘆と創作のプロセス」『長野大学紀要』第27巻第２号、2005年。「学生たちが学んだデス・エデュケーション（いのちの教育）」、長野大学編『いのちの対話』、郷土出版社、2006年。

執筆者紹介（掲載順）

平山　正実（ひらやま　まさみ）
1938年生まれ。横浜市立大学医学部卒業。自治医科大学助教授（精神医学）、東洋英和女学院大学大学院教授（死生学、精神医学）を経て、現在、聖学院大学大学院（人間福祉学科）教授、北千住旭クリニック精神科医。医学博士、精神保健指定医。
〔著書〕『見捨てられ体験者のケアと倫理――真実と愛を求めて』、勉誠出版、2007年。『人生の危機における人間像――危機からの創造をめざして』、聖学院大学出版会、2006年。『はじまりの死生学――「ある」ことと「気づく」こと』、春秋社、2005年。『心の病気の治療がわかる本』法研、2004年。

梅谷　薫（うめたに　かおる）
1954年生まれ。1981年東京大学医学部卒業、都内の救急病院に勤務。2002年より柳原病院院長。2003年より千葉西総合病院消化器科部長。胃癌、大腸癌の内視鏡切除には定評があり、大腸の最新切除法＝ESD 件数は全国 3 位。心療内科医として北千住旭クリニック勤務。独自の家族療法的なアプローチを行っている。
〔著書〕『小説で読む生老病死』医学書院、2003年。『日本の「医療の質」を問い直す』（共著）、医学書院、2006年。『日本人の生死観――医師のみた生と死』（共著）、勁草書房、1993年など。

安達　富美子（あだち　ふみこ）
1942年生まれ。東京歯科大学市川総合病院看護部長。臨床看護、看護教育、看護管理に40年携わる。終末期医療に関心を持ち、東洋英和女学院大学院で死生学を学ぶ。
〔著書〕『「燃えつきない」がん看護』（共著）、医学書院、 2003年。
〔論文〕「日本人の死生観に関する研究――がん告知に対する態度に視点をあてて」東洋英和女学院大学大学院人間科学研究科修士論文、2001年。

海野　志ん子（うんの　しんこ）
1947年生まれ。福島大学経済学部卒業。東洋英和女学院大学大学院修士課程修了。生と死を考える福島の会会長、特定非営利活動法人福島県緩和ケアネット

死別《しべつ》の悲《かな》しみに寄《よ》り添《そ》う　臨床死生学研究叢書　1

2008年６月20日　初版第１刷発行

編著者　平　山　正　実

発行者　大　木　英　夫

発行所　聖学院大学出版会

〒362-8585　埼玉県上尾市戸崎１－１
電話 048-725-9801
Fax. 048-725-0324
E-mail: press@seigakuin-univ.ac.jp

ISBN978-4-915832-76-5　C3011

人生の危機における人間像
危機からの創造をめざして

平山正実著

人生の途上ではさまざまな精神的危機に遭遇する。配偶者、子どもなど愛する人々との離別あるいは死別、財産や名誉、地位、役割などの喪失、病気や障害、あるいは死への直面である。人はどのようにその危機を受け止め、生き方を創造できるのか。モリス・シュワルツ、キューブラー・ロス、宮沢賢治、ポール・トゥルニエなどのライフヒストリーをたどる。

Ｂ５変判二五二頁二三一〇円

978-4-915832-62-8（2006）（4-915832-62-7）

近代人の宿命とキリスト教
世俗化の人間学的考察

金子晴勇著

本書は、近代社会における宗教の衰退、あるいは宗教の個人化という「世俗化」現象を分析し、解明してきた宗教社会学の成果を批判的に吟味し、また現代の諸科学における「世俗化」の理解をとりあげながら、人間学的な観点から「世俗化」現象を考察する。宗教社会学・諸科学では欠落させてしまう人間の霊性に考察の光をあて、現代において人間的精神を回復させる宗教の意味を論じる。

四六判三二〇頁三一五〇円

978-4-915832-46-8（2001）（4-915832-46-5）

キリスト教信仰概説

倉松功著

日本のプロテスタント・キリスト教の中で、最も多数をしめる日本基督教団の「信仰告白」を解説することによって、プロテスタント・キリスト教信仰がどのようなものであるか、その概要を示す。また「聖書と宗教改革」「ルターの聖書の読み方」を収録する。

四六判一三四頁一六八〇円

978-4-915832-05-5（2008）

ピューリタン
近代化の精神構造

大木英夫 著

著者は、近代の成立をルネッサンスと宗教改革に求め、非宗教化と捉える俗説を排し、近代の起源を、「教会と国家の分離」「人間の個人化」「契約社会への移行」という構造変化に見出す。その構造変化の担い手としてのピューリタンたちの運動の思想史を描く。名著『ピューリタン』の改訂新著。

四六判二三二頁二一〇〇円
978-4-915832-66-6 (2006) (4-915832-66-x)

「宇魂和才」の説
二一世紀の教育理念

大木英夫 著

「和魂洋才」は、明治政府が富国強兵をめざしてとったスローガンだが、いまのグローバリゼーションの時代に、著者は戦後五〇年を経た危機的閉塞状況から脱皮するには、「和魂洋才」に代えて「宇（宙）魂和才」でなければならぬとし、これに基づき二一世紀の教育のあるべき理念を論ずる。「大学の理念と学問の再統合」医の倫理との関連において。霊的次元の回復。「和魂洋才」でなく「宇魂和才」でなければならぬ──新しい日本の文化形成の指導理念、ほか。

四六判三〇〇頁二五二〇円
978-4-915832-24-6 (1998) (4-915832-24-4)

ニーバーとその時代
ラインホールド・ニーバーの預言者的役割とその遺産

チャールズ・C・ブラウン 著
高橋義文 訳

「預言者的現実主義者」として、アメリカの神学者だけでなく、政治学者また政治家たちに多大な影響を与えたラインホールド・ニーバーの伝記。数多くのニーバーの伝記の中で、ニーバーの思想の意味をニーバーの生きた時代・社会との関連を明らかにしながら解明する「バランスのとれた伝記」として高く評価されている。

A５判五八〇頁六三〇〇円
978-4-915832-49-9 (2004) (4-915832-49-x)

私学としてのキリスト教大学
教育の祝福と改革

倉松　功　著

現代の社会が求める人材の養成のために、大学はどのような教育を実施すべきなのか、大学はどのような機能を果たせるのか。「私立大学」は、この変革の要請にどのように応え、「建学の理念」にたった高等教育を提供できるのか。筆者は本書で、東北学院大学学長として取り組んできた「現代における私立大学としてのキリスト教大学の意義とは何か」という根本問題に答える。

四六判二七六頁三一五〇円

978-4-915832-58-1 (2004) (4-915832-58-9)

ハルナックとトレルチ

F・ヴィルヘルム・グラーフ　著
近藤正臣・深井智朗著

ドイツの第二帝国の時期（一八七〇年から一九一八年）は、急激な社会変化とそれに続く政治的、社会的、文化的対立によって特徴付けられる。この時期における神学も大きな変革を余儀なくされた。この時代に歴史的変動と取り組み神学的主題としたハルナック、トレルチなどの神学者を論じ、激動の時代のドイツの思想状況を明らかにする。

四六判一三一頁一八九〇円

978-4-915832-73-4 (2007)

自由と家族の法的基礎

ジョン・ウィッテ著
大木英夫・髙橋義文監訳

現代の社会で大きな課題に直面している結婚、デモクラシー、また教会と国家の分離などに、憲法学、法律学の立場から考察を加え、現代の諸問題に新しい視角から新しい局面を浮かび上がらせる。著者はエモリー大学法学部教授であり、同大学の「宗教と法」研究所長として数多くの研究活動を進めており、また著書を発表している気鋭の法学者である。

四六判二七三頁三三六〇円

978-4-915832-75-8 (2008)